Sammlung

Aufserdeutscher Strafgesetzbücher

in Deutscher Uebersetzung.

Herausgegeben von der Redaktion

der

Zeitschrift für die gesamte Strafrechtswissenschaft.

XIV.

Vorentwurf
zu einem Strafgesetzbuch für das kaiserlich japanische Reich.

BERLIN.
J. Guttentag, Verlagsbuchhandlung,
G. m. b. H.
1899.

Vorentwurf

zu einem

Strafgesetzbuch

für das

kaiserlich japanische Reich.

Übersetzt

von

Assataro Okada,
Assistent der juristischen Fakultät an der Universität Tokyo.

BERLIN SW.
J. Guttentag, Verlagsbuchhandlung,
G. m. b. H.
1899.

Vorbemerkungen.

Das Bedürfnis nach einer Revision des geltenden japanischen Strafgesetzbuches vom 1. Januar 1882 machte sich schon bald nach seinem Inkrafttreten geltend. Als Hauptmängel ergaben sich die Enge der Strafrahmen und die Unklarheit vieler Verbrechensdefinitionen, welche zu unerfreulichen Ungleichmäfsigkeiten und Schwankungen in der Rechtsprechung führte.

Schon im Jahre 1890 machte man den Versuch, den Kammern einen von Rechtsanwalt Docteur en Droit K. Miyagi ausgearbeiteten Entwurf vorzulegen. Aber die damalige gesetzgebende Versammlung wurde aufgelöst und der Verfasser, der sich in Japan eines aufserordentlichen Rufes erfreute, ist bald darauf verstorben. Übrigens steht sein Entwurf so stark unter französischem Einflufs, dafs er allgemein als ein „mifsgeborener Enkel des Code pénal" bezeichnet worden ist.

Gerade um dieses Zuges willen griffen die Pläne der späteren Jahre nicht mehr auf den Miyagischen Entwurf zurück. Denn das französische Vorbild, das bis dahin, insbesondere auch in der Rechtsprechung, allein mafsgebend gewesen war, wurde durch englische und deutsche Einflüsse, die schon seit der Reformation des Jahres 1868 in Japan Boden gewonnen hatten, zurückgedrängt; jene neueren Strömungen erfafsten von Jahr zu Jahr einen gröfseren Teil der kriminalistisch interessierten Kreise.

In dieser Richtung bewegten sich auch die Arbeiten der Kommission, die im Jahre 1893 im Justizministerium eingesetzt und mit der Ausarbeitung eines neuen Strafgesetzentwurfs beauftragt wurde. Sie setzte sich aus folgenden Mitgliedern zusammen: Staatsanwalt Dr. R. Koga, Staatsanwalt Dr. B. Ischiwatari, Regierungsrat im Justizministerium Dr. Y. Kuratomi, Reichsgerichtsrat Dr. S. Kameyama. Den Vorsitz führte der damalige Vizeminister K. Yokota unter Beihilfe des Dr. K. Katsumoto. Die nachfolgende Übersetzung ist die des Vorentwurfes erster Lesung, der den Kammern noch nicht vorgelegt werden soll. Die Mitteilung Dr. Lönholms darüber in der „Strafgesetzgebung der Gegenwart" Bd. II S. 355 beruht auf Irrtum.

Die wichtigsten Abweichungen vom geltenden Gesetzbuch, in denen wir zum Teil eine starke Annäherung an die Zwecktheorien finden, sind im allgemeinen Teile: Abschaffung der Dreiteilung der strafbaren Handlungen; Einfügung von Vorschriften über das räumliche Geltungsgebiet (internationales Strafrecht); Vereinfachung des Strafensystems; Erweiterung der Strafrahmen; Einführung des Strafaufschubs; Bestimmung über Notwehr im allgemeinen Teile; gemildertes Kumulationsprinzip bei Realkonkurrenz. Der besondere Teil bringt hauptsächlich Verbesserung der Redaktion und von Definitionen. Er ist indessen weit davon entfernt, alle Unklarheiten beseitigt zu haben. Der Übersetzer hat teils diese Unklarheiten absichtlich beibehalten, teils in Anmerkungen darauf hingewiesen.

Soweit der Übersetzer einige Worte in Klammern eingeschlossen hat, wird dadurch der zweifellose Sinn des Originals wiedergegeben, ohne daſs indessen dieser Sinn im Original einen wörtlichen Ausdruck gefunden hat. Wo der Sinn nicht ganz zweifellos, sondern nur mit Wahrscheinlichkeit anzunehmen war, ist zu dem eingeklammerten Wort ein Fragezeichen hinzugesetzt worden.

Nach neuerer Mitteilung ist der Entwurf einer andern, selbständigen Kommission — und zwar derselben, welche mit der Revision des Entwurfes eines Zivil- und Handelsgesetzbuches beauftragt ist — überwiesen worden und wird somit voraussichtlich noch mancherlei Veränderungen erfahren, ehe er zur parlamentarischen Verhandlung kommt und in Gesetzesform übergeht.

Zum Schluſs möchte ich nicht unterlassen, Herrn Dr. Rosenfeld, der mich mit Rat und That in freundlichster Weise bei meiner Arbeit unterstützt hat, bestens zu danken.

Halle, den 27. April 1899. A. Okada.

Inhalt.

Erster Teil.

Allgemeine Vorschriften.

Zweiter Teil.

Von den einzelnen strafbaren Handlungen.

Erster Teil.

Allgemeine Vorschriften.

Erster Abschnitt.

Einleitende Bestimmungen.

Art. 1. Alle gesetzlich strafbaren Handlungen sind entweder Verbrechen oder Vergehen.

Art. 2. Bei Änderung des Strafgesetzes in der Zeit zwischen der Begehung der Handlung und dem rechtskräftigen Urteil ist die mildeste Strafe anzuwenden.

Bei Verschiedenheit der Gesetze über Strafverjährung oder Strafvollstreckung ist das neueste Gesetz anzuwenden.

Art. 3. Die Gesetze finden Anwendung auf alle im Gebiete des kaiserlichen Reiches begangenen strafbaren Handlungen, ohne Rücksicht darauf, ob der Thäter ein Inländer oder ein Ausländer ist.

Dasselbe gilt von den auf einem Reichsschiffe auf offener See begangenen strafbaren Handlungen und den völkerrechtlich als Seeraub anerkannten Handlungen.

Art. 4. Die Gesetze sind auf die durch einen Reichsangehörigen in einem fremden Lande, wo er Exterritorialität geniefst, begangenen strafbaren Handlungen anzuwenden.

Hiervon bleiben die nur im Gebiete des Reiches durchführbaren Gesetze ausgenommen.

Art. 5. Die Gesetze finden auch Anwendung auf alle durch einen Inländer oder Ausländer aufserhalb des Reichsgebietes gegen das kaiserliche Reich oder gegen Reichsangehörige begangene Verbrechen.

Art. 6. Die Gesetze sind ebenfalls anzuwenden auf die durch einen Reichsangehörigen aufserhalb des Reichsgebietes begangene Brandstiftung, Überschwemmung, Notzucht und sonstige Verbrechen wider das Leben, den Leib, die persönliche Freiheit und das Vermögen.

Ebenso auch auf die durch einen staatlichen oder öffentlichen Beamten[1]) aufserhalb des Reichsgebietes begangenen strafbaren Handlungen im Amte.

---

[1]) Im Orig. Kwan-ri und Kô-ri, d. h. staatliche Beamte im engeren Sinne und sonstige Personen, die aufser den Beamten zu einem öffentlichen Amt angestellt sind, z. B. Ehrenbeamte, Notare, Zwangsvollstreckungsbeamte u. s. w., s. auch Art. 117.

Art. 7. Die nochmalige Bestrafung wegen einer im Auslande rechtskräftig abgeurteilten Handlung ist zulässig. Wenn aber der Thäter bereits im Auslande gänzliche oder teilweise Vollstreckung der ausgesprochenen Strafe erlitten hat, so kann das Gericht die Vollstreckung der Strafe erlassen oder mildern.

Art. 8. Soweit nichts anders bestimmt ist, finden die allgemeinen Vorschriften dieses Strafgesetzbuches auch auf die sonstigen Gesetze Anwendung, welche Strafbestimmungen enthalten.

Zweiter Abschnitt.
Strafbestimmungen.

Erstes Kapitel.
Strafen.

Art. 9. Die Strafen für Verbrechen bestehen aus: Todesstrafe[1]), Zuchthausstrafe[2]), Gefängnisstrafe[3]), Aberkennung der staatsbürgerlichen Rechte[4]), Polizeiaufsicht[5]) und Geldstrafe Bakkin[6]).

Die Strafen für Vergehen sind Haft und Geldstrafe Kariō[7]).

Nebenstrafe für Verbrechen und Vergehen ist die Einziehung.

Art. 10. Die Todesstrafe ist durch den Strang innerhalb der Strafanstalt zu vollstrecken.

Art. 11. Zur Vollstreckung der Todesstrafe ist der Befehl des Justizministers erforderlich.

Wenn eine zur Todesstrafe verurteilte weibliche Person schwanger ist, so ist die Vollstreckung erst nach der Entbindung und nur auf besonderen Befehl (des Justizministers) zulässig.

Art. 12. An den staatlichen Fest- und Feiertagen wird die Todesstrafe nicht vollstreckt.

Art. 13. Die Zuchthausstrafe ist eine lebenslängliche oder zeitige. Der Mindestbetrag der zeitigen Zuchthausstrafe ist ein Tag, ihr Höchstbetrag fünfzehn Jahre.

Die zu Zuchthausstrafe Verurteilten sind in dem Zuchthause[8]) zu inhaftieren und zu den eingeführten Arbeiten anzuhalten. Jedoch kann Zuchthausstrafe unter sechs Monaten in der Haftanstalt[9]) vollstreckt werden.

Art. 14. Die Gefängnisstrafe ist eine lebenslängliche oder zeitige. Der Mindestbetrag der zeitigen Gefängnisstrafe ist ein Tag, ihr Höchstbetrag fünfzehn Jahre.

---

1) Ssi-Kê.
2) Tschô-Eki.
3) Kinko.
4) Hakudatsu-Koken.
5) Kanshi.
6) Geldstrafe über ein Yen heifst Bakkin.
7) s. Art. 20 u. 23.
8) Tschô-Eki-Syo.
9) Kōryū-Syo.

Die zu Gefängnisstrafe Verurteilten sind in der Gefangenanstalt[1]) zu inhaftieren und nur auf ihr Verlangen mit den eingeführten Arbeiten zu beschäftigen. Jedoch kann Gefängnisstrafe unter sechs Monaten in der Haftanstalt vollstreckt werden.

Art. 15. Die Aberkennung der staatsbürgerlichen Rechte bewirkt:

1. den Verlust des Rechtes, bei den gesetzlich bestimmten Wahlen zu wählen oder gewählt zu werden;
2. den Verlust der staatlichen und öffentlichen Ämter[2]) und die Unfähigkeit sie zu bekleiden;
3. die Unfähigkeit, Ehrenzeichen, (staatliche) Rente, Würden, Titel (und Orden) zu haben;
4. das Verbot, ausländische Ehrenzeichen zu tragen;
5. die Unfähigkeit, in das Heer oder in die Marine einzutreten;
6. die Unfähigkeit, Vormund, Nebenvormund, gerichtlicher Beistand und Mitglied eines Familienrats zu sein.

Art. 16. Die Aberkennung der staatsbürgerlichen Rechte ist eine lebenslängliche oder zeitige. Der Mindestbetrag der zeitigen Aberkennung ist drei Jahre, ihr Höchstbetrag fünfzehn Jahre.

Die in Verbindung[3]) mit der Todesstrafe oder lebenslänglichen Zuchthaus- oder Gefängnisstrafe auszusprechende Aberkennung ist von Rechtswegen lebenslänglich.

Die in Verbindung mit zeitiger Zuchthaus- oder Gefängnisstrafe nicht unter zehn Jahren auszusprechende Aberkennung ist lebenslänglich oder zeitig, und die in Verbindung mit Zuchthaus- oder Gefängnisstrafe unter zehn Jahren auszusprechende Aberkennung hat eine Dauer bis zu zehn Jahren.

Die in Verbindung mit zeitiger Zuchthaus- oder Gefängnisstrafe zum Verlust der staatsbürgerlichen Rechte Verurteilten verlieren von Rechtswegen dieselben Rechte auch bis zur Verbüfsung oder zum Erlasse jener Zuchthaus- oder Gefängnisstrafe.

Art. 17. Die Polizeiaufsicht hat folgende Wirkungen:

1. die Polizeibehörde des Thatortes und des Verletzten kann dem unter Aufsicht Gestellten den Aufenthalt in ihrem Bezirk überall oder an einzelnen bestimmten Orten untersagen;
2. die Polizeibeamten können in der Wohnung der unter Aufsicht Gestellten zu jeder ihnen geeignet erscheinenden Zeit Durchsuchungen oder Beschlagnahmen vornehmen.

Art. 18. Die Zeitdauer der Polizeiaufsicht beträgt mindestens ein und höchstens fünf Jahre.

Art. 19. Wenn die Todesstrafe oder die lebenslängliche Zuchthaus- oder Gefängnisstrafe (im Gnadenwege) erlassen oder auf eine zeitige Zuchthaus- oder Gefängnisstrafe herabgesetzt wird, oder wenn die Vollstreckung

---

[1]) Kinko-Syo.

[2]) Im Orig.: Kwanschoku (Kwan Staat, schoku Amt, also staatliche Ämter) und Kôschoku (Kô öffentlich, also öffentliche Ämter), dazu s. Art. 6, 117. [3]) s. Art. 64.

der genannten Strafen verjährt, so tritt von Rechtswegen Polizeiaufsicht auf fünf Jahre ein.

Sind die in Verbindung mit Zuchthaus- oder Gefängnisstrafe zu Polizeiaufsicht Verurteilten vorläufig entlassen worden, so findet die Polizeiaufsicht von Rechtswegen auch während der Zeit der Entlassung statt.

Art. 20. Der Mindestbetrag der Geldstrafe Bakkin ist ein Yen[1]).

Art. 21. Wer nicht im stande ist, die Geldstrafe Bakkin zu bezahlen, wird in einer Strafanstalt[2]) eingesperrt. Er kann mit den eingeführten Arbeiten beschäftigt werden.

Gleichzeitig mit der Geldstrafe Bakkin hat das Gericht die Zeitdauer der im Fall der Nichtbezahlung eintretenden Einsperrung auszusprechen.

Wenn der zu Geldstrafe Bakkin Verurteilte nur einen Teil derselben bezahlt, so wird er auf eine Zeitdauer eingesperrt, die zu dem Rest der Geldstrafe in dem gleichen Verhältnis steht, wie die ausgesprochene Zeitdauer zu der ganzen Geldsumme.

Wenn der Verurteilte während einer Einsperrung einen Teil der Geldstrafe Bakkin bezahlt, so ist die Zeitdauer seiner weitern Einsperrung nach dem in vorhergehenden Absatz bestimmten Verhältnis zu berechnen.

Art. 22. Der Mindestbetrag der Haft ist ein Tag, ihr Höchstbetrag ein Monat.

Die zu Haft Verurteilten sind in der Haftanstalt zu inhaftieren und können nur auf ihr Verlangen mit den eingeführten Arbeiten beschäftigt werden.

Art. 23. Der Betrag der Geldstrafe Kariō ist mindestens zehn Ssen[3]) und höchstens dreifsig Yen.

Art. 24. Wer nicht im stande ist, die Geldstrafe Kariō zu bezahlen, wird während der Zeitdauer von einem Tag bis zu einem Monat in einer Haftanstalt eingesperrt. Er kann mit den eingeführten Arbeiten beschäftigt werden.

Gleichzeitig mit der Geldstrafe Kariō hat das Gericht die Zeitdauer der im Fall der Nichtbezahlung eintretenden Einsperrung auszusprechen.

Die Bestimmungen des Art. 21 Absatz 3 und 4 sind auch auf die Geldstrafe Kariō anzuwenden.

Art. 25. Die folgenden Gegenstände können eingezogen werden, soweit sie des Thäters oder Niemandes Eigentum sind:

1. diejenigen Gegenstände, welche den äufsern Thatbestand der strafbaren Handlung gebildet haben[4]);

2. diejenigen Gegenstände, welche zur Ausführung der strafbaren Handlung gedient haben;

3. diejenigen Gegenstände, welche durch die strafbare Handlung hervorgebracht sind.

---

[1]) Ein Yen hat den Nennwert von einem Dollar; der jetzige Kurswert ist etwa 2 deutsche Reichsmark.

[2]) Im Orig. Goku-scha, Zuchthaus und Gefängnis umfassend. Vergl. dagegen Art. 24, wo „Haftanstalt“ steht.

[3]) Ein Ssen ist ungefähr gleich 2 Pfennige (= $^1/_{100}$ Yen).

[4]) Im Orig.: welche die strafbare Handlung gebildet haben.

Art. 26. Neben den Strafen für Vergehen ist nur in den ausdrücklich bestimmten Fällen auf Einziehung zu erkennen.

Zweites Kapitel.

Berechnung der Strafzeit.

Art. 27. Bei Strafen wird der Tag zu vierundzwanzig Stunden, der Monat zu dreifsig Tagen und das Jahr nach der Kalenderzeit gerechnet.

Der erste Tag der erlittenen Strafe wird als ein ganzer Tag gerechnet, ohne Rücksicht auf die Stunde des Antritts.

Die Freilassung findet am Vormittag des auf den letzten Tag der Strafzeit folgenden Tages statt.

Art. 28. Die Strafzeit ist von dem auf den Tag der rechtskräftigen Verurteilung folgenden Tage an zu rechnen.

Auch nach der rechtskräftigen Verurteilung werden diejenigen Tage auf die Strafzeit von Zuchthaus, Gefängnis und Haft nicht angerechnet, während welcher die Inhaftierung nicht stattfindet.

Die Zeitdauer der Aberkennung der staatsbürgerlichen Rechte oder der Polizeiaufsicht, die in Verbindung mit der zeitigen Zuchthaus- oder Gefängnisstrafe ausgesprochen sind, wird vom folgenden Tage nach der Verbüfsung oder dem Erlafs der Zuchthaus- oder Gefängnisstrafe gerechnet.

Gegen denjenigen, welchem die Todesstrafe oder die lebenslängliche Zuchthaus- oder Gefängnisstrafe erlassen ist, läuft die Zeitdauer der Polizeiaufsicht von dem auf den Erlafs folgenden Tage. Auf die Berechnung derjenigen Polizeiaufsicht, welche mit einer (im Gnadenwege) an die Stelle der Todesstrafe oder der lebenslänglichen Zuchthaus- oder Gefängnisstrafe getretenen zeitigen Zuchthaus- oder Gefängnisstrafe zu verbinden ist, finden die Bestimmungen des vorhergehenden Absatzes Anwendung.

Art. 29. Die Zeit der (erlittenen) Untersuchungshaft wird in folgender Weise auf die Strafe angerechnet, ausgenommen jedoch die einem Tag oder einem Yen der erkannten Strafe nicht gleichkommende Zeit der Untersuchungshaft:

1. sechs Tage Untersuchungshaft auf einen Tag Zuchthausstrafe;
2. drei Tage Untersuchungshaft auf einen Tag Gefängnisstrafe;
3. zwei Tage Untersuchungshaft auf einen Yen Bakkin oder Kariō; ebenso auch, wenn der Geldbetrag einen Yen nicht erreicht.

Drittes Kapitel.

Strafaussetzung und Erlafs der Strafvollstreckung.

Art. 30. Bei erstmaligen Verbrechern, gegen die Zuchthaus- oder Gefängnisstrafe bis zu sechs Monaten ausgesprochen ist, kann die Strafvollstreckung, wenn die Umstände dazu angethan sind, bis zum Ablauf der Verjährungsfrist ausgesetzt bleiben.

Art. 31. Bei erstmaligen Verbrechern, gegen die Geldstrafe Bakkin ausgesprochen ist, und welche wegen Nichtbezahlung derselben einzusperren sein würden, kann die Vollstreckung nach den Bestimmungen des vorhergehenden Paragraphen bis zum Ablauf der Verjährungsfrist ausgesetzt bleiben, und zwar ohne Rücksicht auf die Zeitdauer der Einsperrung. Jedoch sind auszunehmen diejenigen, gegen welche aufserdem Zuchthaus- oder Gefängnisstrafe zu vollstrecken ist.

Art. 32. Bei den mit Zuchthaus- oder Gefängnisstrafe über sechs Monate Bestraften kann ebenfalls nach den Bestimmungen des Art. 30 die Vollstreckung ausgesetzt bleiben, wenn die Verurteilten unmittelbaren Schaden für Leben, Leib oder persönliche Freiheit nicht verursacht, oder wenn sie den durch ihre strafbare Handlung entstandenen Schaden an Vermögen gänzlich ersetzt, und sodann ihre Strafe durch Selbstanzeige gemildert haben.

Art. 33. Die Strafaussetzung hat das Gericht auf Antrag des Staatsanwalts vor dem Anfang der Vollstreckung zu beschliefsen. In diesem Falle wird mit der Strafvollstreckung bis zu jenem Beschlufs innegehalten.

Art. 34. Auf den mit der Aberkennung der staatsbürgerlichen Rechte Bestraften oder den unter Polizeiaufsicht Gestellten finden die Bestimmungen der Artt. 30—32 keine Anwendung.

Art. 35. Wenn jemand während der Frist der Strafaussetzung ein neues Verbrechen, ausgenommen solche mit Geldstrafe Bakkin zu bestrafende, nicht begeht, so wird ihm die ausgesetzte Strafe erlassen.

Art. 36. Begeht jemand während der Frist der Strafaussetzung ein neues Verbrechen, ausgenommen solche mit Geldstrafe Bakkin zu bestrafende, so ist an ihm von Rechtswegen die erste Strafe zusammen mit der neuen Strafe zu vollstrecken.

Art. 37. Die zu Zuchthaus- oder Gefängnisstrafe Verurteilten können, wenn anzunehmen ist, dafs sie ein neues Verbrechen nicht begehen werden, nach Verbüfsung von mindestens einem Dritteile bei der zeitigen, und fünfzehn Jahren bei der lebenslänglichen (Freiheits-)Strafe, auf Anordnung der Verwaltungsbehörde vorläufig entlassen werden.

Art. 38. Wenn der vorläufig Entlassene während der Entlassungszeit ein neues Verbrechen, ausgenommen solche mit Geldstrafe Bakkin zu bestrafende, nicht begeht, so wird ihm der Rest der Zuchthaus- oder Gefängnisstrafe erlassen. Dagegen ist bei Begehung eines neuen Verbrechens, ausgenommen solche mit Geldstrafe Bakkin zu bestrafende, die seit der Entlassung verflossene Zeit auf die Strafdauer nicht anzurechnen.

Art. 39. Die zu Haft Verurteilten können, wenn die Umstände dazu angethan sind, ohne Rücksicht auf die seit dem Strafantritt verflossene Zeit auf Anordnung der Verwaltungsbehörde vorläufig entlassen werden.

Ebenso auch diejenigen, welche wegen Nichtbezahlung der Geldstrafe Bakkin oder Kariō eingesperrt, und diejenigen, welche in Zwangserziehung gebracht worden sind.

Viertes Kapitel.

Verjährung.

Art. 40. Die Verjährung bewirkt einen Erlafs der Strafe vermöge Erlöschens der Strafvollstreckung durch Ablauf einer gesetzlich bestimmten Frist.

Art. 41. Die Frist der Verjährung ist folgende:

1. bei Todesstrafe 30 Jahre;
2. bei lebenslänglichem Zuchthaus oder Gefängnis 20 Jahre;
3. bei zeitigem Zuchthaus oder Gefängnis nicht unter zehn Jahren 15 Jahre; — nicht unter 3 Jahren 10 Jahre; — unter 3 Jahren 5 Jahre;
4. bei Geldstrafe Bakkin 3 Jahre;
5. bei Haft, Geldstrafe Kariō und Einziehung 1 Jahr.

Art. 42. Die Aberkennung der staatsbürgerlichen Rechte und die Polizeiaufsicht verjährt nicht.

Art. 43. Die Verjährungsfrist beginnt mit dem Tage, an welchem der Verurteilte aus der zum Zwecke der Strafvollstreckung angefangenen Inhaftierung entwichen ist; wenn der Verurteilte nicht inhaftiert ist, so beginnt sie mit dem Tage, an welchem das Urteil rechtskräftig geworden ist.

Bei Geldstrafe Bakkin, Kariō und Einziehung beginnt dieselbe mit dem Tage, an welchem das Urteil rechtskräftig geworden ist.

Art. 44. Jede zum Zwecke der Strafvollstreckung erfolgende Festnahme des Verurteilten, sowie der zum Zwecke der Festnahme ergangene Befehl des Justizministers unterbricht die Verjährung.

Fünftes Kapitel.

Amnestie, Straferlafs und -milderung (im Gnadenwege) und Rehabilitation.

Art. 45. Die Amnestie hebt alle Wirkungen des Urteils auf. Jedoch ist es unzulässig, die Zurückgabe der schon entrichteten Geldstrafen Bakkin und Kariō oder der schon eingezogenen Gegenstände zu verlangen.

Art. 46. Der Straferlafs (im Gnadenwege) hebt die Vollstreckung der Strafe gänzlich auf. Die Milderung (im Gnadenwege) hebt dieselbe teilweise auf.

Art. 47. Die Rehabilitation verleiht die staatsbürgerlichen Rechte für die Zukunft zurück und hebt von Rechtswegen die Polizeiaufsicht auf.

Dritter Abschnitt.

Nichtvorhandensein der strafbaren Handlung, Milderung und Erlafs der Strafe.

Art. 48. Eine zufolge Gebotes eines Gesetzes oder einer Verordnung oder in Ausübung eines rechtmäfsigen Berufes begangene Handlung ist nicht strafbar.

Art. 49. Diejenige Handlung, welche erforderlich ist, um einen dringenden, rechtswidrigen Angriff auf ein Recht von sich oder einem andern abzuwehren, ist nicht strafbar. Jedoch sind diejenigen Fälle auszunehmen, bei welchen eine rechtswidrige Handlung des Thäters den Angriff veranlafst hat.

Bei Überschreitung der Notwehr kann die Strafe, wenn die Umstände dazu angethan sind, gemildert werden.

Art. 50. Diejenige Handlung, welche erforderlich ist, um eine gegenwärtige Gefahr für Leben, Leib, persönliche Freiheit oder Vermögen von sich oder einem andern zu beseitigen, ist, wenn die Umstände dazu angethan sind, entweder gar nicht oder milder zu bestrafen. Ausgenommen ist die Handlung desjenigen, welcher von Amtswegen besonders (zum Bestehen der Gefahr) verpflichtet ist.

Art. 51. Eine ohne Vorsatz begangene Handlung ist nicht strafbar. Ausgenommen sind die Fälle, in welchen die Gesetze oder Verordnungen fahrlässig begangene Handlungen bestrafen.

Die Unkenntnis der Gesetze oder Verordnungen schliefst den Vorsatz nicht aus.

Art. 52. Handlungen Geisteskranker oder Bewufstloser sind nicht strafbar. Jedoch können gegen Geisteskranke erforderlichen Falles Verwahrungsmafsnahmen angeordnet werden.

Art. 53. Die Handlung desjenigen, welcher das zehnte Lebensjahr noch nicht vollendet hat, ist nicht strafbar. Jedoch können gegen denjenigen, welcher das achte Lebensjahr vollendet und eine als Verbrechen anzusehende Handlung begangen hat, erforderlichen Falles, jedoch nicht länger als bis zu seinem fünfzehnten Lebensjahre, Zwangserziehungsmafsnahmen angeordnet werden.

Art. 54. Die ohne Unterscheidungsvermögen begangene Handlung desjenigen, welcher das zehnte Lebensjahr überschritten, aber das fünfzehnte Lebensjahr noch nicht vollendet hat, ist nicht strafbar. Jedoch können gegen denselben, erforderlichen Falles, jedoch nicht länger als bis zu seinem zwanzigsten Lebensjahre, Zwangserziehungsmafsnahmen angeordnet werden, wenn seine Handlung als Verbrechen anzusehen ist.

Bei Begehung der Handlung mit Unterscheidungsvermögen ist die Strafe zu mildern.

Art. 55. Die Strafe der Handlung desjenigen, welcher das fünfzehnte Lebensjahr überschritten, aber das zwanzigste Lebensjahr noch nicht vollendet hat, kann gemildert werden.

Art. 56. Die Handlung eines Taubstummen ist entweder gar nicht oder milder zu bestrafen. Bei Freisprechung können, erforderlichen Falles, Zwangserziehungsmafsnahmen angeordnet werden.

Art. 57. Die Strafe kann gemildert werden, wenn der Thäter vor der Entdeckung seiner strafbaren Handlung sich selbst den Behörden angezeigt hat.

Wenn der Thäter, in Anklagefällen, sich selbst der verletzten Partei anzeigt, so hat das dieselbe Wirkung, als ob er sich den Behörden angezeigt hätte.

Vierter Abschnitt.

Versuch.

Art. 58. Wer die Ausführung der strafbaren Handlung begonnen hat, wird milder bestraft, wenn von seinem Willen unabhängige Umstände die Vollendung jener strafbaren Handlung verhindert haben.

Der Versuch ist nur in den Fällen zu bestrafen, in welchen einzelne Artikel des besondern Teils dies ausdrücklich bestimmen[1]).

---

[1]) Art. 91, 93, 96, 107, 128, 135, 140, 160, 166, 197, 205, 207, 209, 216, 230, 245, 259, 271, 283, 289 und 294.

Art. 59. Wer die Ausführung der strafbaren Handlung begonnen hat, aber freiwillig auf die Vollendung derselben verzichtet hat, wird mit Rücksicht auf den thatsächlich eingetretenen Erfolg bestraft.

Fünfter Abschnitt.
Zusammentreffen strafbarer Handlungen.

Art. 60. Mehrere strafbare Handlungen (desselben Thäters) treffen zusammen, wenn sie noch nicht rechtskräftig abgeurteilt sind. Ist aber das Urteil wegen einer der strafbaren Handlungen rechtskräftig geworden, so sind diese letztere und die vor dem rechtskräftigen Urteil begangenen Handlungen als zusammentreffende anzusehen.

Art. 61. Ist eine von mehreren zusammentreffenden strafbaren Handlungen mit dem Tode zu bestrafen, so sind andre Strafen aufserdem nicht zu verhängen; ausgenommen Aberkennung der staatsbürgerlichen Rechte und Einziehung.

Auch wenn eine derselben mit lebenslänglichem Zuchthaus oder Gefängnis zu bestrafen ist, sind andre Strafen nicht mehr zu verhängen; ausgenommen Aberkennung der staatsbürgerlichen Rechte, beide Geldstrafen (Bakkin und Kariö) und Einziehung.

Art. 62. In denjenigen Fällen, in welchen zwei oder mehrere zusammentreffende Handlungen mit zeitigem Zuchthaus oder Gefängnis zu bestrafen sind, ist der Höchstbetrag der zu verhängenden Strafe anderthalb des Höchstbetrages derjenigen Strafe, mit welcher die schwerste der zusammentreffenden Handlungen zu bestrafen ist; jedoch ist die Summe der Höchstbeträge der für die einzelnen Handlungen festgesetzten Strafen nicht zu überschreiten.

Wenn für die Strafe der schwersten der zusammentreffenden Handlungen kein Mindestbetrag festgesetzt ist, wohl aber für die Strafe einer der andern, so darf der Mindestbetrag der zu verhängenden Strafen nicht unter diesen Mindestbetrag heruntergehen. Sind für zwei oder mehrere der Strafen Mindestbeträge festgesetzt, so darf nicht unter den höchsten derselben heruntergegangen werden.

Zuchthaus ist für schwerer als Gefängnis anzusehen. Ist aber die Zeitdauer der Gefängnisstrafe länger als die der Zuchthausstrafe, so wird die letztere als schwerer angesehen, wenn ihr doppeltes mehr beträgt als die Gefängnisstrafe, und umgekehrt.

Art. 63. Die Geldstrafe Bakkin ist mit andern Strafen kumulativ zu verbinden; ausgenommen den im Art. 61 Absatz 1 vorgesehenen Fall.

Bei mehrfachen, gleichzeitig verwirkten Geldstrafen Bakkin bleibt die Gesamtstrafe unter der Summe der für die einzelnen strafbaren Handlungen festgesetzten Geldstrafen Bakkin.

Art. 64. Aberkennung der staatsbürgerlichen Rechte und Polizeiaufsicht sind mit andern Strafen kumulativ zu verbinden. Bei mehrfachen, gleichzeitig verwirkten Aberkennungen, sowie bei mehrfach verwirkter Polizeiaufsicht, ist nur diejenige Strafe zu verhängen, welche die längste Zeitdauer hat.

Art. 65. Einziehung ist kumulativ mit andern Strafen zu verbinden.

Art. 66. Wenn unter den zusammentreffenden strafbaren Handlungen eine schon abgeurteilte und andre noch nicht abgeurteilte sich befinden, so sind nur die noch nicht erledigten abzuurteilen, und ist die früher erkannte Strafe mit der neu erkannten zusammen zu vollstrecken.

In den letztgenannten Fällen sind, wenn die Todesstrafe zu vollstrecken ist, andre Strafen nicht zu vollstrecken, ausgenommen Aberkennung der staatsbürgerlichen Rechte und Polizeiaufsicht; ist lebenslängliche Zuchthaus- oder Gefängnisstrafe zu vollstrecken, so sind andre Strafen nicht zu vollstrecken, ausgenommen Aberkennung der staatsbürgerlichen Rechte, Bakkin, Kariō und Einziehung; was die Vollstreckung der zeitigen Zuchthaus- oder Gefängnisstrafen anlangt, so darf der Höchstbetrag derselben anderthalb des Höchstbetrages derjenigen Strafe nicht überschreiten, mit welcher die schwerste der zusammentreffenden strafbaren Handlungen zu bestrafen ist. Die Bestimmungen des Art. 62 Absatz 3 finden auf die Vollstreckung der zeitigen Zuchthaus- oder Gefängnisstrafe Anwendung.

Bei mehrfach verwirkter Aberkennung, sowie Polizeiaufsicht, ist nur diejenige zu vollstrecken, welche die längste Zeitdauer hat.

Art. 67. Wenn mehrere Urteile über zusammentreffende strafbare Handlungen rechtskräftig geworden sind, so hat die Vollstreckung derselben dem vorhergehenden Artikel gemäfs stattzufinden.

Art. 68. Ist eine der als zusammentreffend abgeurteilten strafbaren Handlungen von einer Amnestie betroffen, so hat das Gericht nach den Bestimmungen der kaiserlichen Verordnungen durch Gerichtsbeschlufs diejenigen Strafen zu bestimmen, welche für die von der Amnestie nicht betroffenen strafbaren Handlungen zu verhängen sind.

Art. 69. Die Strafen für Vergehen sind kumulativ zu verbinden; ausgenommen die im Art. 61 vorgesehenen Fälle.

Art. 70. Wenn eine und dieselbe Handlung oder eine Reihe zusammenhängender Handlungen mehrere Strafgesetze verletzt, so kommt nur dasjenige Gesetz, welches die schwerste Strafe androht, zur Anwendung.

Die Bestimmungen des Art. 62 Abs. 3 und des Art. 65 sind auch auf diesen Fall anzuwenden.

Sechster Abschnitt.

Rückfall.

Art. 71. Wenn der wegen einer strafbaren Handlung irgend einer Art zu Zuchthausstrafe Verurteilte binnen einer Frist von zehn Jahren seit der Verbüfsung oder dem Erlafs abermals eine gleichartige strafbare Handlung begeht, so liegt Rückfall vor.

Das Gleiche gilt in Bezug auf denjenigen, welchem die Vollstreckung der Todesstrafe erlassen ist.

Art. 72. Wenn unter den früher als zusammentreffend bestraften Handlungen eine solche sich findet, welche im Rückfalle verschärft zu bestrafen ist[1]), so wird im Rückfalle die Strafe verschärft, auch wenn

[1]) D. h. solche Handlung, welche im Rückfalle nach Art. 73—76 verschärft zu bestrafen ist.

dieselbe nicht die schwerste (von den zusammentreffenden Handlungen) gewesen ist.

Art. 73. Die Strafe des Rückfalls ist nur in den Fällen zu verschärfen, in welchen einzelne Artikel[1]) des besondern Teils dies ausdrücklich bestimmen.

Art. 74. Im Rückfalle betragen die Strafen das Doppelte der für dieselben strafbaren Handlungen im Gesetz bestimmten Strafen.

Aberkennung der staatsbürgerlichen Rechte und Polizeiaufsicht sind jedoch nicht zu verschärfen.

Art. 75. Stellt sich nach der rechtskräftigen Verurteilung heraus, dafs der Thäter rückfällig war, so wird durch Gerichtsbeschlufs, nach den Bestimmungen der vorhergehenden Paragraphen, die verschärfte Strafe bestimmt.

Art. 76. Beim zweiten und folgenden Rückfall gilt dasselbe wie beim ersten Rückfall.

Siebenter Abschnitt.

Teilnahme.

Art. 77. Wenn mehrere eine strafbare Handlung gemeinschaftlich ausführen, so sind alle als Thäter anzusehen.

Art. 78. Wer einen andern zu der von demselben begangenen strafbaren Handlung angestiftet hat, ist gleich dem Thäter zu betrachten.

Art. 79. Wer dem Thäter Hilfe leistet, ist Gehilfe.

Art. 80. Wer den Anstifter angestiftet hat, ist gleich dem Thäter zu betrachten; wer dem Anstifter Hilfe geleistet oder den Gehilfen angestiftet hat, ist gleich dem Gehilfen zu betrachten.

Art. 81. Die Strafe des Gehilfen ist im Vergleich mit der Strafe des Thäters milder.

Art. 82. Der Anstifter und der Gehilfe eines Vergehens sind nicht zu bestrafen, soweit es nicht anders bestimmt ist.

Art. 83. Wenn mehrere eine Handlung begehen, deren Strafbarkeit durch persönliche Eigenschaften (oder Verhältnisse) des Verbrechers begründet wird, so ist auch derjenige Teilnehmer, welcher diese Eigenschaften (oder Verhältnisse) nicht hat.

Ist nach den persönlichen Eigenschaften (oder Verhältnissen) die Strafe zu erhöhen oder zu mindern, so wird über denjenigen, welcher diese Eigenschaften (oder Verhältnisse) nicht hat, die gewöhnliche Strafe verhängt.

Achter Abschnitt.

Mildernde Umstände.

Art. 84. Sind mildernde Umstände vorhanden, so kann die Strafe einer Handlung nach richterlichem Ermessen ermäfsigt werden.

Art. 85. Auch wenn das Gesetz eine Strafe erhöht oder mindert, kann dieselbe wegen mildernder Umstände (nach richterlichem Ermessen) ermäfsigt werden.

---

[1]) Art. 178, 238, 239, 293, 315 und 316.

Neunter Abschnitt.

Bestimmungen über Straferhöhung und -milderung.

Art. 86. Wenn ein oder mehrere Strafmilderungsgründe, ausgenommen mildernde Umstände, vorhanden sind, so findet die Milderung in folgender Weise statt:

1. an Stelle der zu mildernden Todesstrafe tritt lebenslängliche Zuchthaus- oder Gefängnisstrafe oder zeitige nicht unter sieben Jahren;
2. an Stelle der zu mildernden lebenslänglichen Zuchthaus- oder Gefängnisstrafe tritt zeitige nicht unter fünf Jahren;
3. an Stelle der zu mildernden zeitigen Zuchthaus- oder Gefängnisstrafe oder Haft tritt eine solche bis zu zwei Dritteln des Höchstbetrages ein; ist aber in den einzelnen Artikeln des besondern Teils ein Mindestbetrag bestimmt, so wird der um ein Drittel gemilderte Betrag als Mindestbetrag (der zu verhängenden Strafe) angesehen;
4. an Stelle der zu mildernden Geldstrafe Bakkin und Kariö tritt eine solche bis zu zwei Dritteln des Höchstbetrages ein.

Art. 87. Sind in den einzelnen Artikeln des besondern Teils zwei oder mehrere Strafen (wahlweise) festgesetzt und Milderungsgründe, ausgenommen mildernde Umstände, vorhanden, so wird zuerst die zu verhängende Strafe bestimmt und dann dieselbe gemildert.

Art. 88. Bei mildernden Umständen wird die Strafe in folgender Weise ermäfsigt:

1. an Stelle der zu mildernden Todesstrafe tritt lebenslängliche Zuchthaus- oder Gefängnisstrafe;
2. an Stelle der zu mildernden lebenslänglichen Zuchthaus- oder Gefängnisstrafe tritt zeitige;
3. an Stelle der zu mildernden zeitigen Zuchthaus- oder Gefängnisstrafe, deren Mindestbetrag festgesetzt ist, wird unter diesem Mindestbetrag bestraft.

Art. 89. Bei gleichzeitigem Vorhandensein mehrerer Strafschärfungs- und Milderungsgründe ist die folgende Reihenfolge mafsgebend:

1. Strafschärfung wegen Rückfalls;
2. Gesetzliche Milderungsgründe;
3. Verschärfung wegen zusammentreffender strafbarer Handlungen;
4. Ermäfsigung wegen mildernder Umstände.

Art. 90. Bei Verschärfung zeitiger Zuchthaus- oder Gefängnisstrafe sind dreifsig Jahre nicht zu überschreiten.

Aberkennung der staatsbürgerlichen Rechte und Polizeiaufsicht dürfen weder verschärft noch gemildert werden[1]).

---

[1]) D. h. die Zeitdauer derselben darf nicht verändert werden.

Zweiter Teil.

Von den einzelnen strafbaren Handlungen.

Erster Abschnitt.

Strafbare Handlungen wider das kaiserliche Haus.

Art. 91. Wer eine Thätlichkeit gegen den Kaiser, die Kaiserin, die Kaiserin-Mutter, die Kaiserin-Grofsmutter, den Kronprinzen oder den zur Thronfolge bestimmten Enkel des Kaisers begeht oder zu begehen unternimmt, wird mit dem Tode bestraft.

Art. 92. Wer eine unehrerbietige Handlung gegen den Kaiser, die Kaiserin, die Kaiserin-Mutter, die Kaiserin-Grofsmutter, den Kronprinzen oder den zur Thronfolge bestimmten Enkel des Kaisers begeht, wird mit Zuchthaus bis zu fünf Jahren bestraft.

Ebenso wird bestraft, wer eine unehrerbietige Handlung gegen die Kaiserlichen Ahnen oder gegen die übrigen früheren Kaiser begeht.

Art. 93. Wer eine Thätlichkeit gegen ein Mitglied des kaiserlichen Hauses begeht, wird mit dem Tode bestraft; wer dieselbe unternimmt, mit lebenslänglichem Zuchthaus.

Art. 94. Wer eine unehrerbietige Handlung gegen ein Mitglied des kaiserlichen Hauses begeht, wird mit Zuchthaus bis zu vier Jahren bestraft. Ebenso wird bestraft, wer eine unehrerbietige Handlung gegen ein verstorbenes Mitglied des kaiserlichen Hauses begeht.

Art. 95. Jeder wegen einer der in diesem Abschnitt vorgesehenen Handlungen mit zeitigem Zuchthaus zu Bestrafende wird unter Polizeiaufsicht gestellt.

Zweiter Abschnitt.

Strafbare Handlungen, welche sich auf die innere Sicherheit des Staates beziehen.

Art. 96. (Bewaffneter) Aufstand, welcher mit dem Zwecke begangen wird, die Regierung zu stürzen, einen Teil des kaiserlichen Reiches vom Ganzen loszureifsen oder sonst die Reichsverfassung zu stören, wird nach folgender Mafsgabe bestraft:

1. der oberste Führer, mit dem Tode oder lebenslänglichem Gefängnis;
2. wer bei der Beratschlagung beteiligt ist oder Truppen befehligt, mit lebenslänglichem Gefängnis oder Gefängnis nicht unter fünf Jahren; wer sonstige leitende Stellungen übernimmt, mit Gefängnis bis zu zehn Jahren;
3. alle Beteiligten, Angeführten und sonstigen einfach im Aufstande Mitwirkenden, mit Gefängnis bis zu fünf Jahren.

Der Versuch der in diesem Artikel angegebenen Handlungen ist zu bestrafen.

Art. 97. Die Vorbereitungen und geheimen Verbindungen zum Zwecke eines (bewaffneten) Aufstandes sind mit Gefängnis bis zu zehn Jahren zu bestrafen.

Art. 98. Wer der Lieferung von Waffen, von Munition oder durch sonstige Handlungen dem Aufstande, den Vorbereitungen oder geheimen Verbindungen desselben Hilfe leistet, wird mit Gefängnis bis zu sieben Jahren bestraft.

Art. 99. Jeder wegen einer der in diesem Abschnitt vorgesehenen Handlungen mit dem Tode, mit lebenslänglichem Gefängnis oder mit Gefängnis nicht unter einem Jahre zu Bestrafende wird auch mit Aberkennung der staatsbürgerlichen Rechte bestraft.

Art. 100. Demjenigen, welcher die von ihm begangene Vorbereitung oder geheime Verbindung zum Zwecke eines Aufstandes vor dem Eintritt des letztern den Behörden anzeigt, wird die Strafe erlassen.

Dritter Abschnitt.

Strafbare Handlungen, welche sich auf die äufsere Sicherheit des Staates beziehen.

Art. 101. Wer im Einverständnis mit einem fremden Lande dasselbe zu einem Kriege gegen das kaiserliche Reich veranlafst, oder wer mit einer feindlichen Macht sich verbindend gegen das kaiserliche Reich die Waffen ergreift, wird mit dem Tode bestraft.

Art. 102. Wer dem kaiserlichen Reiche gehörige oder von demselben besetzte Festungen, Wälle, Feldlager, Truppen, Häfen, Golfe, Schiffe oder sonstige militärische Anlagen oder Baulichkeiten in feindliche Gewalt bringt, wird mit dem Tode bestraft.

Wer Kriegswaffen, Schiefsbedarf oder sonstige unmittelbar zur Kriegsführung dienende Gegenstände in feindliche Gewalt bringt, wird mit dem Tode oder lebenslänglichem Zuchthaus bestraft.

Art. 103. Wer Privatpersonen gehörige Kriegswaffen, Schiefsbedarf oder sonstige unmittelbar zur Kriegsführung dienende Gegenstände in feindliche Gewalt bringt, wird mit lebenslänglichem Zuchthaus oder Zuchthaus nicht unter fünf Jahren bestraft.

Art. 104. Wer zum Vorteile einer feindlichen Macht dem kaiserlichen Reiche gehörige oder von demselben besetzte Festungen, Wälle, Feldlager, Häfen, Golfe, Schiffe, Schiefsbedarf, Dampfwagen, elektrische Wagen, Eisenbahnen, Telegraphenlinien oder sonstige militärische Anlagen oder Baulichkeiten zerstört oder unbrauchbar macht, wird mit dem Tode oder lebenslänglichem Zuchthaus bestraft.

Art. 105. Wer einer feindlichen Macht als Spion dient oder Spione einer feindlichen Macht unterstützt, wird mit dem Tode, lebenslänglichem Zuchthaus oder Zuchthaus nicht unter sieben Jahren bestraft.

Ebenso wird bestraft, wer einer feindlichen Macht militärische oder politische Staatsgeheimnisse bekannt gibt.

Auch in Friedenszeiten wird mit zeitigem Zuchthaus bestraft, wer die im vorhergehenden Absatz genannten Geheimnisse einem fremden Staate bekannt gibt.

Art. 106. Wer durch andre Mittel, als die in den vorstehenden Artikeln angegebenen, einer feindlichen Macht militärische Vorteile verschafft oder die militärischen Vorteile des kaiserlichen Reiches schädigt, wird mit zeitigem Zuchthaus bestraft.

Art. 107. Der Versuch der in den Art. 101—106 vorgesehenen Handlungen ist zu bestrafen.

Art. 108. Die Vorbereitungen oder geheimen Verbindungen zum Zwecke der in den Art. 101—106 genannten Handlungen werden mit Zuchthaus bis zu zehn Jahren bestraft.

Art. 109. Jeder wegen einer der in diesem Abschnitt aufgeführten Handlungen mit dem Tode oder lebenslänglichem Zuchthaus zu Bestrafende wird zur Aberkennung der staatsbürgerlichen Rechte verurteilt; jeder mit zeitigem Zuchthaus zu Bestrafende wird gleichfalls mit Aberkennung der staatsbürgerlichen Rechte bestraft und unter Polizeiaufsicht gestellt.

Art. 110. Die Bestimmungen dieses Abschnitts kommen bei Ausländern nur dann zur Anwendung, wenn sie die genannten Handlungen begehen, während sie sich innerhalb des Reichsgebietes aufhalten.

Art. 111. Die Bestimmungen dieses Abschnitts sind auch auf die gegen Bundesgenossen im Kriege gerichteten Handlungen anzuwenden.

Vierter Abschnitt.

Strafbare Handlungen, welche sich auf den internationalen Verkehr beziehen.

Art. 112. Wer eine Thätlichkeit gegen den Souverain oder den Präsidenten eines befreundeten[1]) Staates, welcher sich innerhalb des Reichsgebietes aufhält, begeht, wird mit Zuchthaus von einem Jahre bis zu zehn Jahren bestraft.

Wer sich gegen denselben einer beleidigenden Handlung schuldig macht, wird mit Zuchthaus bis zu drei Jahren bestraft. Die Verfolgung tritt nur auf Antrag der auswärtigen Regierung ein.

Art. 113. Wer sich gegen den beim kaiserlichen Reiche beglaubigten Gesandten eines befreundeten Staates einer beleidigenden Handlung schuldig macht, wird mit Zuchthaus bis zu einem Jahre bestraft.

Die Verfolgung tritt nur auf Antrag der verletzten Partei ein.

Art. 114. Wer zu dem Zwecke, einen befreundeten Staat zu beleidigen, nationale Flaggen oder sonstige nationale Abzeichen desselben zerstört, beschädigt, befleckt oder wegnimmt, wird mit Zuchthaus bis zu zwei Jahren oder mit Geldstrafe Bakkin bis zu zweihundert Yen bestraft.

Die Verfolgung tritt nur auf Antrag der auswärtigen Regierung ein.

Art. 115. Wer zu dem Zwecke, gegen einen befreundeten Staat ohne obrigkeitliche Erlaubnis Krieg zu führen, Vorbereitungen trifft oder geheime Verbindungen eingeht, wird mit Gefängnis bis zu fünf Jahren bestraft. Wenn der Thäter sich jedoch selbst anzeigt, so wird die Strafe erlassen[2]).

Art. 116. Wer im Falle des Krieges zwischen fremden Ländern die Neutralitätsverordnungen verletzt, wird mit Gefängnis bis zu einem Jahre

---

[1]) Eines vertragschliefsenden Staates usw.

[2]) Keine Bestimmung bezüglich der Vollendung.

oder mit Geldstrafe bis zu fünfhundert Yen bestraft. Dies gilt, wenn es sich um einen Reichsangehörigen handelt, auch wenn er die betreffende Handlung im Auslande begeht.

Fünfter Abschnitt.
Strafbare Handlungen wider die öffentliche Gewalt.
Erstes Kapitel.
Strafbare Handlungen, welche die Ausübung amtlicher Verrichtungen verhindern oder stören.

Art. 117. Wer gegen einen staatlichen oder öffentlichen Beamten[1]) oder Abgeordneten[2]), um denselben in der Ausübung seines Amtes zu hindern oder zu stören, oder um denselben zur Vornahme irgend einer Mafsnahme zu nötigen, Gewalt oder Drohnung anwendet, wird mit Zuchthaus bis zu vier Jahren bestraft.

Ebenso wird bestraft, wer gegen staatliche oder öffentliche Behörden[3]) oder (gesetzgebende) Versammlungen[4]) Gewalt oder Drohung anwendet.

Art. 118. Wer gegen einen staatlichen oder öffentlichen Beamten[5]) oder Abgeordneten, um denselben zur Niederlegung seines Amtes zu veranlassen, Gewalt oder Drohung anwendet, wird mit Zuchthaus bis zu drei Jahren bestraft.

Art. 119. Wer einen staatlichen oder öffentlichen Beamten[6]) oder Abgeordneten[6]) während der Ausübung seines Amtes ins Gesicht beleidigt oder den Abwesenden durch Veröffentlichung von Schriften, Abbildungen, Bildwerken oder durch öffentliche Schaustellungen[7]), Gesänge, Reden mit Bezug auf sein Amt beleidigt, wird mit Zuchthaus bis zu einem Jahre oder mit Geldstrafe Bakkin bis zu einhundert Yen bestraft.

Ebenso wird bestraft, wer durch Veröffentlichung von Schriften, Abbildungen, Bildwerken oder durch öffentliche Schaustellungen, Gesänge oder Reden eine staatliche oder öffentliche Behörde oder eine (gesetzgebende) Versammlung beleidigt.

Art. 120. Wer ein von einem staatlichen oder öffentlichen Beamten angelegtes Siegel oder Zeichen der Beschlagnahme durch Zerbrechen oder Beschmutzen unkenntlich macht, wird mit Zuchthaus bis zu einem Jahre oder mit Geldstrafe Bakkin bis zu einhundert Yen bestraft.

---

[1]) Im Orig.: Kwanri und Kôri, d. h. staatliche Beamten im engern Sinne und die Personen aufser den Beamten, die zu einem öffentlichen Amt angestellt sind, wie z. B. Ehrenbeamte, Notare, Zwangsvollstreckungsbeamte usw. (s. oben Art. 15).

[2]) Im frühern Entwurfe: Abgeordnete von einer gesetzlich eingerichteten Versammlung.

[3]) Im Orig.: Kwanscho (staatliche Behörden) und Köscho (Büreau von Kôri).

[4]) D. h. wahrscheinlich: gesetzlich eingerichtete Versammlungen, wie Reichs- oder Landtag usw.

[5]) Hier auch im Orig.: Kwanri oder Kôri (s. Art. 117, 1).

[6]) Siehe Art. 117.

[7]) Also Theater, Variété usw.

Zweites Kapitel.

Strafbare Handlungen, welche sich auf die Wahlen beziehen.

Art. 121. Wer zu dem Zwecke, bei einer Wahl von Abgeordneten oder Beamten, sich oder einem andern Wahlstimmen zu verschaffen oder einem andern solche zu entziehen, gewaltsame, drohende oder betrügerische Handlungen begeht, wird mit Zuchthaus bis zu drei Jahren oder mit Geldstrafe Bakkin bis zu zweihundert Yen bestraft.

Art. 122. Wer zu dem im vorhergehenden Paragraphen angegebenen Zwecke Geld, Sachen oder sonstige Vermögensvorteile gewährt[1]) oder verspricht, wird mit Zuchthaus bis zu zwei Jahren oder mit Geldstrafe Bakkin bis zu dreihundert Yen bestraft.

Wer diese Geschenke annimmt oder sich versprechen läfst, wird mit Geldstrafe Bakkin bis zu fünfzig Yen bestraft.

Art. 123. Jeder wegen einer der in diesem Abschnitt angegebenen Handlungen mit Zuchthaus nicht unter einem Jahre zu Bestrafende wird auch mit Aberkennung der staatsbürgerlichen Rechte bestraft.

Drittes Kapitel.

Strafbare Befreiung von Gefangenen.

Art. 124. Jeder Gefangene, mag er bereits rechtskräftig verurteilt sein oder noch nicht[2]), welcher entweicht, wird mit Zuchthaus bis zu einem Jahre bestraft.

Wer durch Zerstörung von Gefängnisgebäuden, von Verwahrungsgegenständen, durch Gewalt oder Drohung oder im Einverständnis mit zwei oder mehreren Personen entweicht, wird mit Zuchthaus bis zu drei Jahren bestraft.

Art. 125. Wer einen Gefangenen gewaltsam entführt oder durch Gewalt oder Drohung der Entweichung eines Gefangenen Vorschub leistet, wird mit Zuchthaus von einem Jahre bis zu zehn Jahren bestraft.

Art. 126. Wer einem Gefangenen, um ihm zur Entweichung zu verhelfen, Waffen oder sonstige Werkzeuge aushändigt oder sonstige Hilfe zur Entweichung leistet, wird mit Zuchthaus bis zu fünf Jahren bestraft.

Art. 127. Wer einen Gefangenen, der sich unter seiner Beaufsichtigung oder Begleitung befindet, entweichen läfst, wird mit Zuchthaus bis zu zehn Jahren bestraft.

Art. 128. Der Versuch der in diesem Kapitel angegebenen Handlungen ist zu bestrafen.

Viertes Kapitel.

Verbergen des Verbrechers und Vernichtung von Beweisen für die strafbare Handlung.

Art. 129. Wer einen entwichenen Gefangenen oder den Thäter einer Handlung, die mit Verbrechensstrafe, ausgenommenen Geldstrafe

---

[1]) Im Art. 253: Wer .... gewährt, anbietet oder verspricht usw.
[2]) Also auch Verdächtigte und Angeschuldigte.

Bakkin, bedroht ist, verbirgt oder ihm ein Versteck verschafft, wird mit Zuchthaus bis zu zwei Jahren oder mit Geldstrafe Bakkin bis zu einhundert Yen bestraft.

Art. 130. Wer Beweismittel, welche die Strafverfolgung eines andern betreffen, versteckt, vernichtet, nachmacht oder verfälscht, wird mit Zuchthaus bis zu einem Jahre oder mit Geldstrafe Bakkin bis zu einhundert Yen bestraft.

Art. 131. Die in diesem Kapitel angegebenen Handlungen sind nicht zu bestrafen, wenn der Thäter ein Verwandter des Angeklagten[1]) ist und zum Vorteile des letztern die Handlung begeht.

Sechster Abschnitt.

Strafbare Handlungen, welche die öffentliche Ruhe und Ordnung verletzen.

Erstes Kapitel.

Zusammenrottung.

Art. 132. Wenn sich eine Menschenmenge zusammenrottet und Gewaltthat oder Drohung begeht, so ist dieselbe, ohne Rücksicht auf den von ihr zu erreichen gesuchten Zweck, nach folgender Mafsgabe zu bestrafen:

1. der oberste Leiter mit Zuchthaus bis zu zehn Jahren;
2. wer andre anführt oder andern voraneilend dieselben zur Begehung aufmuntert, mit Zuchthaus bis zu sieben Jahren;
3. Zugehörige und Teilnehmer mit Geldstrafe Bakkin bis zu fünfzig Yen.

Art. 133. Wenn sich eine Menschenmenge zusammenrottet, um irgend einen Zweck durch Gewalt oder Drohung zu erreichen und trotz Aufforderung[2]) staatlicher oder öffentlicher Beamten[3]) sich nicht auflöst, so werden der oberste Leiter mit Zuchthaus bis zu drei Jahren und die andern mit Geldstrafe Bakkin bis zu fünfzig Yen bestraft.

Art. 134. Jeder wegen einer der in diesem Kapitel angegebenen Handlungen mit Zuchthaus nicht unter einem Jahre zu Bestrafende kann auch mit Aberkennung der staatsbürgerlichen Rechte bestraft werden.

Zweites Kapitel.

Strafbare Handlungen, welche sich auf Schiefswaffen oder -bedarf beziehen.

Art. 135. Wer ohne obrigkeitliche Erlaubnis Schiefswaffen oder -bedarf[4]) fabriziert, importiert oder verkauft, wird mit Zuchthaus bis zu einem Jahre oder mit Geldstrafe Bakkin bis zu fünfhundert Yen bestraft.

---

[1]) Man unterläfst, hier „Verwandter des im Art. 130 vorgesehenen, entsprungenen Gefangenen oder des Thäters einer mit einer Strafe für Verbrechen zu bestrafenden Handlung“ zuzusetzen.

[2]) Im Orig.: Ermahnung.

[3]) Im Orig.: Kwanri oder Kôri, dazu s. Art. 117.

[4]) Im Orig.: Gewehr, Kanonen oder Pulver usw.

Der Versuch ist zu bestrafen.

Art. 136. Wer ohne obrigkeitliche Erlaubnis die im vorhergehenden Artikel angegebenen Gegenstände innehat oder eigentümlich besitzt[1]), wird mit Geldstrafe Bakkin bis zu einhundert Yen bestraft.

Drittes Kapitel.

Brandstiftung.

Art. 137. Wer durch Brandstiftung ein Gebäude, einen Dampfwagen, einen elektrischen Wagen, ein Schiff oder ein Bergwerk, welche zur gegenwärtigen Wohnung von Menschen dienen oder in welchen gerade ein Mensch sich aufhält, zerstört, wird mit dem Tode oder lebenslänglichem Zuchthaus oder Zuchthaus nicht unter sieben Jahren bestraft.

Art. 138. Wer durch Brandstiftung ein Gebäude, einen Dampfwagen, einen elektrischen Wagen, ein Schiff oder ein Bergwerk, welche zur gegenwärtigen Wohnung von Menschen nicht dienen oder in welchen gerade kein Mensch sich aufhält, zerstört, wird mit lebenslänglichem Zuchthaus oder Zuchthaus nicht unter fünf Jahren bestraft.

Wer durch Brandstiftung die ihm selbst eigentümlich gehörenden, im vorhergehenden Absatz angegebenen Gegenstände zerstört, wird mit Zuchthaus bis zu fünf Jahren bestraft.

Art. 139. Wer durch Brandstiftung Bambusen, Bäume, Getreide[2]) auf Bergen, in Wäldern, auf Feldern oder sonst im Freien angepflanzte oder lagernde Reiser, Gräser, Bambusen, Bäume oder ähnliche Sachen zerstört, wird mit Zuchthaus bis zu zehn Jahren bestraft.

Auch wenn die im vorhergehenden Absatz genannten Gegenstände dem Thäter eigentümlich gehören, ist derselbe, wenn durch die Brandstiftung eine gemeine Gefahr entstanden ist, mit Zuchthaus bis zu zwei Jahren oder mit Geldstrafe bis zu einhundert Yen zu bestrafen, und, wenn durch Ausbreitung der Feuersbrunst einem andern gehörige Gegenstände verbrennen, mit Zuchthaus bis zu fünf Jahren.

Art. 140. Der Versuch der in den vorhergehenden drei Artikeln angegebenen Handlungen ist zu bestrafen.

Art. 141. Wer durch Brandstiftung[3]) solche in den Art. 138 und 139 angegebenen Gegenstände zerstört, welche dem Thäter eigentümlich gehören, aber beschlagnahmt sind oder dem Sachenrecht eines andern unterliegen, oder einem andern vermietet, oder versichert sind, wird ebenso bestraft, wie wenn er einem andern gehörige Gegenstände durch Brandstiftung zerstört hätte.

Art. 142. Wer bei Gelegenheit einer Feuersbrunst Löschgerätschaften versteckt oder zerstört oder durch andre Mittel das Löschen des

---

[1]) Ist es möglich, eine Sache „eigentümlich" zu besitzen, deren Fabrikation, Importation, Verkauf und Inhabung (Detention) ohne obrigkeitliche Erlaubnis gesetzlich verboten ist, und gerade im Falle, in welchem man dieselbe ohne Erlaubnis detiniert?

[2]) Im Orig.: Weizen oder sonstiges Getreide.

[3]) Gemeint ist Brandstiftung im Sinne des Art. 137.

Feuers verhindert oder erschwert, wird mit Zuchthaus bis zu sieben Jahren bestraft.

Art. 143. Jeder wegen einer der in den Art. 137—139, 141—142 angegebenen Handlungen mit dem Tode oder lebenslänglichem Zuchthaus zu Bestrafende kann auch mit Aberkennung der staatsbürgerlichen Rechte bestraft werden; jeder[1]) mit zeitigem Zuchthaus nicht unter einem Jahre zu Bestrafende kann auch mit Aberkennung der staatsbürgerlichen Rechte bestraft und unter Polizeiaufsicht gestellt werden.

Art. 144. Wer durch Fahrlässigkeit einen der in den Art. 137—139 und 141 bezeichneten Gegenstände in Brand setzt, wird mit Geldstrafe Bakkin bis zu fünfzig Yen bestraft.

Art. 145. Die Zerstörung eines Gegenstandes der in den Art. 137 bis 139 und 141 genannten Art durch Dampfkessel-Explosion oder durch Sprengung mit Schiefspulver oder andern explodierenden Stoffen ist der vorsätzlichen oder fahrlässigen Brandstiftung gleich zu erachten[2]).

Viertes Kapitel.

Herbeiführung von Überschwemmungen und andre strafbare Handlungen, welche sich auf Wasserläufe beziehen.

Art. 146. Wer durch (vorsätzliche) Herbeiführung einer Überschwemmung an einem Gebäude, einem Dampfwagen, einem elektrischen Wagen oder einem Bergwerke, welche als Wohnungen von Menschen dienen oder in welchen sich gerade ein Mensch aufhält, Schaden verursacht, wird mit dem Tode oder lebenslänglichem Zuchthaus oder Zuchthaus nicht unter sieben Jahren bestraft.

Art. 147. Wer durch (vorsätzliche) Herbeiführung einer Überschwemmung an einem Gebäude, einem Dampfwagen, einem elektrischen Wagen oder einem Bergwerke, welche nicht als Wohnungen dienen oder in welchen sich gerade kein Mensch aufhält, Schaden verursacht, wird mit lebenslänglichem Zuchthaus oder Zuchthaus nicht unter fünf Jahren bestraft.

Art. 148. Wer durch (vorsätzliche) Herbeiführung einer Überschwemmung an andern Gegenständen als den in den vorhergehenden zwei

---

[1]) D. h. jeder wegen einer gleichartigen Handlung mit . . . . . . zu Bestrafende.

[2]) Das Hauptbaumaterial der japanischen Häuser ist Holz, was die Verbreitung des Feuers begünstigt. So erfährt man nicht selten, und in Tokyo besonders oft, dafs eine mehr oder weniger grofse geheime Verbindung sich bildet, welche, die heftigen Winterwinde, die andern Begünstiger des Unglücks, benutzend, Wohnhäuser oder sonstige Gebäude in Brand zu setzen und während der entstandenen Verwirrung fremdes Eigentum zu entwenden bezweckt.

Trotz der Gemeingefährlichkeit solcher Verbindungen fallen sie doch nicht unter die Bestimmungen des Kriminalrechtes, da nach den Grundsätzen desselben die Vorbereitung (und nach dem neuen Vorentwurf auch der Versuch) einer Zuwiderhandlung nicht strafbar ist, insoweit es nicht ausdrücklich anders bestimmt ist. Infolgedessen ist es ganz unentbehrlich, für diese Handlung eine besondere Strafbestimmung aufzunehmen, wie z. B. Bulgarisches Str.-G. § 390.

Paragraphen genannten Schaden verursacht, wird mit Zuchthaus bis zu zehn Jahren bestraft.

Art. 149. Wer einen der in den Artikeln 146—147 genannten Gegenstände, der ihm eigentümlich gehört, aber beschlagnahmt ist oder einem fremden Sachenrecht unterliegt oder einem andern vermietet oder versichert ist, unter Wasser setzt, ist so zu bestrafen, als ob er einem andern gehörige Gegenstände überschwemmt hätte.

Art. 150. Wer bei Gelegenheit einer Überschwemmungsgefahr Wasserwehrgerätschaften versteckt, zerstört oder durch andre Mittel die Bekämpfung der Wassersnot verhindert oder erschwert, wird mit Zuchthaus bis zu sieben Jahren bestraft.

Art. 151. Jeder wegen einer der in den Art. 146—150 angegebenen Handlungen mit dem Tode oder lebenslänglichem Zuchthaus zu Bestrafende kann auch mit Aberkennung der staatsbürgerlichen Rechte bestraft werden; jeder mit Zuchthaus nicht unter einem Jahre zu Bestrafende kann auch mit Aberkennung der staatsbürgerlichen Rechte bestraft und unter Polizeiaufsicht gestellt werden.

Art. 152. Wer durch Fahrlässigkeit einen der in den Art. 146—149 genannten Gegenstände unter Wasser setzt, wird mit Geldstrafe Bakkin bis zu fünfzig Yen bestraft.

Art. 153. Wer einen Damm durchsticht, eine Schleuse zerstört oder sonstige Handlungen begeht, welche geeignet sind, einen Wasserlauf zu hemmen, zu stören oder Überschwemmungen herbeizuführen, wird mit Zuchthaus bis zu drei Jahren oder mit Geldstrafe Bakkin bis zu einhundert Yen bestraft.

Fünftes Kapitel.

Strafbare Hinderung des Verkehrs und des Briefwechsels.

Art. 154. Wer durch Beschädigung oder Sperrung von gemeinnützigen Land- oder Wasserwegen Verkehrshindernisse oder -störungen verursacht, wird mit Zuchthaus bis zu drei Jahren oder mit Geldstrafe Bakkin bis zu zweihundert Yen bestraft.

Art. 155. Ist durch eine der im vorhergehenden Artikel angegebenen Handlungen Tod oder Körperverletzung[1]) von Menschen verursacht worden, so kommt, im Vergleich mit den Strafbestimmungen über Körperverletzung und Gesundheitsschädigung, die schwerere Strafbestimmung zur Anwendung.

Art. 156. Wer durch Beschädigung von Eisenbahnanlagen, Signalen oder durch andre Mittel Gefahr für den Verkehr von Dampf- oder elektrischen Wagen verursacht, wird mit zeitigem Zuchthaus nicht unter drei Jahren bestraft.

Ebenso wird bestraft, wer durch Beschädigung von Leuchttürmen, Bojen oder durch andre Mittel Gefahr für den Schiffsverkehr verursacht.

Art. 157. Wer einen Dampf- oder elektrischen Wagen zum Umsturz

---

[1]) Wohl auch Gesundheitsschädigung.

bringt oder zertrümmert, wird mit lebenslänglichem Zuchthaus oder Zuchthaus nicht unter fünf Jahren bestraft.

Ebenso wird bestraft, wer ein Schiff zum Sinken oder zum Untergang bringt oder zertrümmert.

Art. 158. Ist durch eine der im Art. 156 angegebenen Handlungen der Umsturz oder die Zertrümmerung eines Dampf- oder elektrischen Wagens, das Sinken, der Untergang oder die Zertrümmerung eines Schiffes verursacht worden, so tritt die gleiche Strafe ein, wie im vorhergehenden Artikel[1]).

Art. 159. Ist durch eine der in den vorhergehenden zwei Artikeln angegebenen Handlungen der Tod von Menschen verursacht worden, so tritt die Todesstrafe oder lebenslängliches Zuchthaus ein.

Art. 160. Der Versuch der in den Art. 154, 156 und 157 angegebenen Handlungen ist zu bestrafen.

Art. 161. Sind die in den Art. 156 und 157 angegebenen Handlungen aus Fahrlässigkeit begangen worden, so wird der Thäter mit Geldstrafe Bakkin bis zu dreihundert Yen bestraft.

Wenn ein in dem betreffenden Berufe Beschäftigter die im vorhergehenden Absatz angegebenen Handlungen begeht, so wird er mit Gefängnis bis zu drei Jahren oder mit Geldstrafe Bakkin bis zu fünfhundert Yen bestraft.

Art. 162. Wer durch Beschädigung der zu Post-, Telegraphen- und Telephonanlagen gehörigen Gegenstände oder durch andre Mittel Hindernisse oder Störungen dieser Verkehrszweige verursacht, wird mit Zuchthaus bis zu drei Jahren oder mit Geldstrafe Bakkin bis zu einhundert Yen bestraft.

Sechstes Kapitel.
Hausfriedensbruch.

Art. 163. Wer unbefugt in ein eingefriedigtes Besitztum, in ein Gebäude, in ein Schiff, welche von Menschen bewohnt oder beaufsichtigt

---

[1]) Trotzdem dieses Kapitel nur „strafbare Hinderung des Verkehrs" betitelt ist, kann es sehr wohl möglich sein, dafs die Bestimmungen aller Artikel, mit Ausnahme des Art. 156, auch gemeine Gefahr für Menschenleben voraussetzen.

Wenn also die Bestimmungen der Art. 157 und 158 Gefahr für Menschen als eine Bedingung der Strafbarkeit voraussetzen, so ist die Bestrafung derselben mit Zuchthaus nicht unter fünf Jahren vielleicht zu rechtfertigen. Dann ist aber der blofse Ausdruck „einen Dampfwagen, einen elektrischen Wagen, ein Schiff umstürzen, zertrümmern, zum Untergang bringen" ohne Zweifel zu allgemein, weil man bei diesem Ausdruck menschenleere Wagen und Schiffe (oder ähnliche für Menschen gar nicht gefährliche Fälle) kaum auszuschliefsen vermag.

Wenn dagegen diese Bestimmungen Wagen und Schiffe nur als Verkehrsmaterial, deren Beschädigung als Verkehrshinderung ansehen, so ist ja der Spielraum der Strafe zu eng, weil der Mindestbetrag fünf Jahre ist, auch wenn der Thäter blofs einen im Lager befindlichen Gepäckwagen oder ein am Ufer angebundenes, leeres Schiff zertrümmert oder untergehen läfst. Die letztern und ähnliche Fälle sind nur etwas mehr als Sachbeschädigung, welche mit Zuchthaus von einem Tage bis höchstens sieben Jahren bestraft wird.

werden, eindringt oder auf die Aufforderung (des Berechtigten) sich nicht entfernt, wird mit Zuchthaus bis zu einem Jahre oder mit Geldstrafe Bakkin bis zu fünfzig Yen bestraft.

Wenn das Eindringen unter folgenden Umständen geschieht:

1. bei Nacht;
2. mittelst Einsteigens oder Einbrechens oder Beschädigung von Thoren, Thüren, Zäunen, Mauern; mittelst Eröffnung von Schlössern;
3. mit Waffen;
4. wenn der Thäter Gewalt oder Drohung anwendet;
5. durch zwei oder mehr Personen,

so tritt Zuchthaus bis zu drei Jahren ein.

Art. 164. Werden die im vorhergehenden Artikel bezeichneten Handlungen zu dem Zwecke vorgenommen, um einen Diebstahl oder einen Raub zu begehen, so ist der Thäter mit Zuchthaus bis zu fünf Jahren zu bestrafen.

Art. 165. Wer unbefugt in den Palast, in den Garten, in das Lusthaus, in den zeitweiligen Aufenthaltsort des Kaisers oder in den kaiserlichen Begräbnisplatz[1]) eindringt, wird mit Zuchthaus bis zu fünf Jahren bestraft[2]).

Art. 166. Der Versuch der in diesem Kapitel angegebenen Handlungen ist zu bestrafen.

Art. 167. Der Thäter einer der in diesem Kapitel genannten Handlungen kann unter Polizeiaufsicht gestellt werden.

Siebentes Kapitel.

Strafbare Verletzung fremder Geheimnisse.

Art. 168. Wer unbefugt einen Brief oder eine andre verschlossene Schrift öffnet[3]) oder versteckt, wird mit Gefängnis bis zu sechs Monaten oder mit Geldstrafe Bakkin bis zu fünfzig Yen bestraft.

Art. 169. Ärzte, Hebammen, Apotheker, Rechtsanwälte, Notare, Schinto-Priester, Geistliche werden, wenn sie fremde Geheimnisse offenbaren, welche durch die ihnen kraft ihres Berufes anvertrauten Umstände zu ihrer Kenntnis gelangt sind, mit Zuchthaus oder Gefängnis bis zu sechs Monaten oder mit Geldstrafe Bakkin bis zu zweihundert Yen bestraft. Davon sind jedoch die Aussagen vor staatlichen Behörden auszunehmen.

Art. 170. Die Verfolgung der in diesem Kapitel bezeichneten Handlungen tritt nur auf Antrag der verletzten Partei ein.

---

[1]) Begräbnisplatz des kaiserlichen Hauses im allgemeinen?

[2]) Art. 163 setzt ausdrücklich die Handlung „sich nicht entfernt" fest, weil dieselbe von dem „Eindringen" verschieden ist. Wenn derjenige strafbar ist, der sich auf die Aufforderung oder den Befehl des Berechtigten vom kaiserlichen Palast usw. nicht entfernt, warum ist dies nicht ausdrücklich festgesetzt, wie im Art. 163? Wenn er dagegen nicht strafbar ist, warum dies?

[3]) Heifst das Orig.: „geheime Schrift öffnet" oder „veröffentlicht"?

Siebenter Abschnitt.

Strafbare Handlungen, welche sich auf die öffentliche Gesundheit beziehen.

Erstes Kapitel.

Strafbare Handlungen, welche sich auf das Rauchopium beziehen.

Art. 171. Wer Rauchopium importiert, fabriziert oder verkauft, wird mit Zuchthaus bis zu fünf Jahren bestraft.

Art. 172. Wer zum Opiumrauchen dienende Utensilien importiert, fabriziert oder verkauft, wird mit Zuchthaus bis zu drei Jahren bestraft.

Art. 173. Zollbeamte, welche den Import des Rauchopiums oder der dazu gehörigen Utensilien erlauben, werden mit Zuchthaus bis zu sieben Jahren bestraft.

Art. 174. Wer einem andern aus Eigennutz zum Opiumrauchen dienende Zimmer oder Räume verschafft, wird mit Zuchthaus bis zu drei Jahren bestraft.

Art. 175. Wer Opium raucht, wird mit Zuchthaus bis zu drei Jahren bestraft.

Art. 176. Wer Rauchopium oder zum Opiumrauchen dienende Utensilien innehat oder eigentümlich besitzt[1]), wird mit Zuchthaus bis zu einem Jahre bestraft.

Art. 177. Jeder wegen einer der in diesem Kapitel angegebenen Handlungen mit Zuchthaus nicht unter einem Jahre zu Bestrafende wird auch unter Polizeiaufsicht gestellt.

Art. 178. Auf die in diesem Kapitel angegebenen Handlungen sind die Strafverschärfungsbestimmungen wegen Rückfalls anzuwenden.

Zweites Kapitel.

Strafbare Handlungen, welche sich auf Trinkwasser und Nahrungsmittel beziehen.

Art. 179. Wer durch Verunreinigung das Menschen zum Trinken dienende Wasser unbrauchbar macht, wird mit Zuchthaus bis zu drei Monaten oder mit Geldstrafe Bakkin bis zu fünfzig Yen bestraft.

Art. 180. Wer das Trinkwasser, das durch Leitungen dem Publikum zugeführt wird, durch Verunreinigung oder durch Verunreinigung seiner Quelle unbrauchbar macht, wird mit Zuchthaus bis zu fünf Jahren bestraft.

Art. 181. Wer dem Trinkwasser Gift oder andre zur Schädigung der menschlichen Gesundheit geeignete Stoffe beimischt, wird mit Zuchthaus bis zu drei Jahren bestraft.

Art. 182. Wer dem Trinkwasser, welches mittelst Leitung dem Publikum zugeführt wird, oder dessen Quelle Gift oder andre zur Schädigung der menschlichen Gesundheit geeignete Stoffe beimischt, wird mit zeitigem Zuchthaus bestraft. Ist dadurch der Tod von Menschen ver-

---

[1]) Siehe oben Art. 135, 2.

ursacht worden, so tritt die Todesstrafe oder lebenslängliches Zuchthaus oder Zuchthaus nicht unter sieben Jahren ein.

Art. 183. Wer Leitungen, welche dem Publikum Trinkwasser zuführen, beschädigt oder absperrt, wird mit Zuchthaus bis zu zehn Jahren bestraft. Ist dadurch eine Überschwemmung herbeigeführt worden, so kommt, im Vergleich mit den Strafbestimmungen über Überschwemmung, die schwerere Strafbestimmung zur Anwendung.

Art. 184. Wer Getränken oder Nahrungsmitteln einen zur Schädigung der menschlichen Gesundheit geeigneten Stoff beimischt und dieselben dann verkauft, wird mit Zuchthaus bis zu drei Monaten oder mit Geldstrafe Bakkin bis zu fünfzig Yen bestraft.

Art. 185. Ist durch eine der in den Art. 179, 180, 181 und 184 angegebenen Handlungen Tod oder Krankheit von Menschen verursacht worden, so kommt, im Vergleich mit den Strafbestimmungen über Körperverletzung und Gesundheitsschädigung, die schwerere Strafbestimmung zur Anwendung.

Drittes Kapitel.

Strafbare Handlungen, welche sich auf die Verhütung ansteckender Krankheiten beziehen.

Art. 186. Wer allgemeinen Anordnungen zuwider, welche zur Verhütung ansteckender Krankheiten erlassen worden sind, von Kriegs- oder sonstigen Schiffen ans Land geht, mit dem Lande oder einem andern Kriegs- oder sonstigen Schiffe verkehrt oder Sachen an Land bringt, wird mit Gefängnis bis zu einem Jahre oder mit Geldstrafe Bakkin bis zu zweihundert Yen bestraft.

Kapitäne von Kriegs- oder sonstigen Schiffen oder deren Vertreter[1]), welche selbst die im vorhergehenden Absatz angegebenen Handlungen begehen, oder die Begehung derselben seitens eines andern veranlassen oder dulden[2]), werden mit Gefängnis bis zu zwei Jahren oder mit Geldstrafe Bakkin bis zu fünfhundert Yen bestraft.

Art. 187. Kapitäne von Kriegs- oder sonstigen Schiffen oder deren Vertreter[3]), welche, allgemeinen zur Verhütung ansteckender Krankheiten erlassenen Anordnungen zuwider, ihre Schiffe in See oder vor Anker gehen lassen, werden mit Gefängnis bis zu drei Jahren oder mit Geldstrafe Bakkin bis zu eintausend Yen bestraft.

Art. 188. Wer auf andre Weise, als in den vorhergehenden zwei Artikeln angegeben ist, allgemeinen zur Verhütung ansteckender Krankheiten erlassenen Anordnungen zuwiderhandelt, wird mit Gefängnis bis zu sechs Monaten oder mit Geldstrafe Bakkin bis zu einhundert Yen bestraft.

Art. 189. Wer allgemeinen Anordnungen, welche zur Verhütung

---

[1]) Im Orig.: diejenigen, welche Ämter oder Berufe der Kapitäne ausüben. Siehe unten Art. 248.

[2]) Im Orig.: wissend, daſs ein andrer dieselben begeht, dies nicht verbieten usw.

[3]) Siehe oben Art. 186, 1.

von Viehseuchen erlassen worden sind, zuwiderhandelt, wird mit Gefängnis bis zu drei Monaten oder mit Geldstrafe Bakkin bis zu fünfzig Yen bestraft.

Art. 190. Ärzte, welchen (von einer Behörde oder einem Beamten) die Untersuchung ansteckender Krankheiten oder die Prüfung von Krankheitsstoffen anbefohlen ist, werden, wenn sie ohne Grund sich dessen weigern, mit Geldstrafe Bakkin bis zu fünfzig Yen bestraft.

Ebenso werden bestraft Ärzte, welchen die Untersuchung von Viehseuchen oder die Prüfung von Viehseuchenstoffen anbefohlen ist, wenn sie ohne Grund sich dessen weigern.

Viertes Kapitel.

Ausübung des ärztlichen Berufs ohne obrigkeitliche Erlaubnis.

Art. 191. Wer ohne obrigkeitliche Erlaubnis den ärztlichen Beruf ausübt, wird mit Geldstrafe Bakkin bis zu einhundert Yen bestraft.

Art. 192. Wer ohne obrigkeitliche Erlaubnis den tierärztlichen Beruf ausübt, wird mit Geldstrafe Bakkin bis zu fünfzig Yen bestraft.

Achter Abschnitt.

Strafbare Handlungen wider Treu und Glauben.

Erstes Kapitel.

Fälschung[1]) von umlaufendem Gelde.

Art. 193. Wer zum Zwecke des Gebrauches mit gesetzlichem Zwangskurs versehenes Metall- oder Papiergeld oder Noten der Nipponbank[2]) nachmacht oder verfälscht, wird mit lebenslänglichem Zuchthaus oder Zuchthaus nicht unter drei Jahren bestraft.

Art. 194. Wer zum Zwecke des Gebrauches im Inland kursierende ausländische Gold- oder Silbermünzen nachmacht oder verfälscht, wird mit zeitigem Zuchthaus nicht unter einem Jahre bestraft.

Art. 195. Wer nachgemachtes oder verfälschtes (inländisches) Metall- oder Papiergeld, oder Noten der Nipponbank, oder ausländisches Gold- oder Silbergeld importiert, ist gleich dem Nachmacher oder Verfälscher zu bestrafen.

Art. 196. Wer zum Zwecke des Gebrauches nachgemachtes oder

---

[1]) Dieses Kapitel behandelt:
1. die Falschmünzerei,
2. die Münzverfälschung,
3. den Import, das Empfangen, das Gebrauchen unechten Geldes und
4. die vorbereitenden Handlungen.

Daher ist an Stelle des im Original stehenden Titels „Nachmachung von umlaufendem Gelde", welcher ohne Zweifel nicht alle Handlungen umfaſst, ein allgemeiner Ausdruck, z. B. „Geldverbrechen" empfehlenswert. Siehe deutsches St.G.B. Art. 146 usw.

[2]) Im Orig.: da-kwang-keng, d. h. Noten, zu deren Ausgabe der Japan- oder Nipponbank durch kaiserl. Verordnung vom 26. Mai 1884 das Privileg erteilt ist, und die sie auf Verlangen des Vorzeigers jederzeit zum Nennwerte einzulösen verpflichtet ist.

verfälschtes (inländisches) Metall- oder Papiergeld, oder Noten der Nipponbank, oder ausländisches Gold- oder Silbergeld annimmt, wird mit Zuchthaus bis zu drei Jahren bestraft. Wer von solchem Gebrauch macht, wird mit Zuchthaus bis zu zehn Jahren bestraft.

Art. 197. Der Versuch der in den vorhergehenden vier Artikeln angegebenen Handlungen ist zu bestrafen.

Art. 198. Wer nach dem Empfang von (inländischem) Metall- oder Papiergeld, oder Noten der Nipponbank, oder von ausländischem Gold- oder Silbergeld, trotzdem er später dessen Nachmachung oder Verfälschung erkannt hat, davon Gebrauch macht, wird mit Geldstrafe Bakkin bis zum dreifachen Wert des Objektes bestraft, aber nicht unter einem Yen.

Art. 199. Wer zum Zwecke der in den Art. 193—194 bezeichneten Nachmachung oder Verfälschung dazu dienende Werkzeuge oder Stoffe herstellt[1]), wird mit Zuchthaus bis zu fünf Jahren bestraft.

Art. 200. Jeder wegen einer der in diesem Kapitel angegebenen Handlungen mit lebenslänglichem Zuchthaus zu Bestrafende wird auch mit Aberkennung der staatsbürgerlichen Rechte bestraft; jeder mit zeitigem Zuchthaus nicht unter einem Jahre zu Bestrafende wird auch mit Aberkennung der staatsbürgerlichen Rechte bestraft und unter Polizeiaufsicht gestellt; jeder mit Zuchthaus unter einem Jahre zu Bestrafende kann auch mit Aberkennung der staatsbürgerlichen Rechte bestraft und unter Polizeiaufsicht gestellt werden[2]).

Zweites Kapitel.
Urkundenfälschung.

Art. 201. Wer zum Zwecke des Gebrauches, mit Benutzung nachgemachter kaiserlicher oder staatlicher Stempel oder kaiserlicher Unterschriften oder mit unrechtmäfsiger Benutzung kaiserlicher oder staatlicher Stempel oder kaiserlicher Unterschriften, ein kaiserliches schriftliches Edikt oder eine sonstige kaiserliche Urkunde nachmacht, wird mit lebenslänglichem Zuchthaus oder Zuchthaus nicht unter sieben Jahren bestraft.

Ebenso wird bestraft, wer zum Zwecke des Gebrauches in einem mit kaiserlichem oder staatlichem Stempel oder mit kaiserlicher Unterschrift versehenen kaiserlichen Edikt oder einer sonstigen kaiserlichen Urkunde Hinzufügungen, Streichungen oder Veränderungen vornimmt[3]).

---

[1]) Im Orig.; vorbereitet.

[2]) Die Art. 194, 195, 196 und 198 beschränken sich ausdrücklich, wenn es sich um ausländisches Geld handelt, auf Gold- oder Silbermünzen.

Also:

1. die Importation,
2. die Annahme zum Zwecke des Gebrauches und
3. das Gebrauchen

von nachgemachtem oder verfälschtem ausländischem Geld in Nickel, Kupfer und Papier sind nicht strafbar.

Die Nachteile dieser Handlungen sind allerdings geringer als die andern. Es ist aber weder theoretisch noch praktisch richtig, diese schädigenden Handlungen als solche gar nicht zu bestrafen. Siehe deutsches St.G.B. 146.

[3]) Also kurz: wer . . . . . verfälscht.

Art. 202. Wer zum Zwecke des Gebrauches mit Benutzung nachgemachter Stempel einer staatlichen oder öffentlichen Behörde, oder eines staatlichen oder öffentlichen Beamten, oder nachgemachter Unterschriften des letztern, oder mit unrechtmäfsiger Benutzung von Stempeln einer staatlichen oder öffentlichen Behörde, oder eines staatlichen oder öffentlichen Beamten, oder von Unterschriften des letztern eine staatliche oder öffentliche Urkunde nachmacht, wird mit Zuchthaus bis zu zehn Jahren bestraft.

Ebenso wird bestraft, wer zum Zwecke des Gebrauches in einer mit dem Stempel einer staatlichen oder öffentlichen Behörde oder eines staatlichen oder öffentlichen Beamten oder mit der Unterschrift des letztern versehenen staatlichen oder öffentlichen Urkunde Hinzufügungen, Streichungen oder Veränderungen vornimmt.

Wer auf andre Weise, als in den vorhergehenden zwei Absätzen angegeben ist, zum Zwecke des Gebrauches eine von einem staatlichen oder öffentlichen Beamten herzustellende staatliche oder öffentliche Urkunde nachmacht oder in einer staatlichen oder öffentlichen Urkunde Hinzufügungen, Streichungen oder Veränderungen vornimmt, wird mit Zuchthaus bis zu einem Jahre oder mit Geldstrafe Bakkin bis zu fünfzig Yen bestraft.

Art. 203. Ein staatlicher oder öffentlicher Beamter, welcher zum Zwecke des Gebrauches in seiner amtlichen Eigenschaft eine falsche[1]) Urkunde herstellt oder in einer (echten) Urkunde unrechtmäfsigerweise Hinzufügungen, Streichungen oder Veränderungen vornimmt, wird nach den beiden vorhergehenden Artikeln bestraft, je nachdem ob der Stempel oder die Unterschrift vorhanden ist oder nicht.

Art. 204. Wer zum Zwecke des Gebrauches mit Benutzung nachgemachter Stempel oder Unterschriften eines andern oder mit unrechtmäfsiger Benutzung echter Stempel oder Unterschriften eines andern eine Urkunde über Rechte oder Pflichten nachmacht, wird mit Zuchthaus bis zu fünf Jahren bestraft.

Ebenso wird bestraft, wer zum Zwecke des Gebrauches in einer Urkunde, welche den Stempel oder die Unterschrift eines andern trägt und ein Recht oder eine Pflicht betrifft, Hinzufügungen, Streichungen oder Veränderungen vornimmt.

Art. 205. Wer durch Täuschung eines staatlichen oder öffentlichen Beamten eine falsche Eintragung in ein Personenstands- oder sonstiges Register oder in eine sonstige mit öffentlichem Glauben versehene Urkunde über Rechte oder Pflichten veranlafst, wird mit Zuchthaus bis zu zwei Jahren oder mit Geldstrafe Bakkin bis zu einhundert Yen bestraft.

Der Versuch ist zu bestrafen.

Art. 206. Ärzte, welche auf den für staatliche oder öffentliche Behörden auszustellenden schriftlichen Attesten oder Totenscheinen falsche Angaben machen, werden mit Zuchthaus bis zu drei Jahren oder mit Geldstrafe Bakkin bis zu einhundert Yen bestraft.

Art. 207. Wer von einer der in den Art. 201—206 bezeichneten

---

[1]) Im Orig.: etwa betrügerische.

Urkunden Gebrauch macht, wird gleich demjenigen bestraft, welcher solche Urkunden nachmacht oder welcher in denselben Hinzufügungen, Streichungen oder Veränderungen vornimmt oder welcher falsche Eintragungen veranlafst.

Der Versuch ist zu bestrafen.

Art. 208. Jeder wegen einer der in diesem Kapitel bezeichneten Handlungen mit lebenslänglichem Zuchthaus zu Bestrafende kann auch mit Aberkennung der staatsbürgerlichen Rechte bestraft werden; jeder mit zeitigem Zuchthaus nicht unter einem Jahre zu Bestrafende kann auch mit Aberkennung der staatsbürgerlichen Rechte bestraft und unter Polizeiaufsicht gestellt werden.

Drittes Kapitel.

Fälschung von Wertpapieren.

Art. 209. Wer zum Zwecke des Gebrauches Staatsschuldscheine[1]), Aktien einer Gesellschaft, Wechsel[2]), sonstige Schuldverschreibungen, welche durch Indossament übertragbar oder Inhaberpapiere sind, nachmacht oder in denselben Hinzufügungen, Streichungen oder Veränderungen vornimmt, oder ein falsches Indossament darauf setzt, wird mit Zuchthaus bis zu zehn Jahren bestraft.

Ebenso wird bestraft, wer von einem der im vorhergehenden Absatz bezeichneten Schuldscheine, Aktien, Wechsel oder Schuldverschreibungen Gebrauch macht.

Der Versuch ist zu bestrafen.

Art. 210. Jeder wegen einer der im vorhergehenden Artikel angegebenen Handlungen mit Zuchthaus nicht unter einem Jahre zu Bestrafende wird auch mit Aberkennung der staatsbürgerlichen Rechte bestraft und unter Polizeiaufsicht gestellt.

Viertes Kapitel.

Fälschung von Stempeln.

Art. 211. Wer zum Zwecke des Gebrauches kaiserliche oder staatliche Stempel oder kaiserliche Unterschriften nachmacht, wird mit zeitigem Zuchthaus bestraft.

Ebenso wird bestraft, wer kaiserliche oder staatliche Stempel oder kaiserliche Unterschriften unrechtmäfsigerweise benutzt.

Art. 212. Wer zum Zwecke des Gebrauches Stempel einer staatlichen oder öffentlichen Behörde, eines staatlichen oder öffentlichen Beamten oder Unterschriften des letztern nachmacht, wird mit Zuchthaus bis zu fünf Jahren bestraft.

Ebenso wird bestraft, wer Stempel einer staatlichen oder öffentlichen Behörde, eines staatlichen oder öffentlichen Beamten, oder Unterschriften des letztern unrechtmäfsigerweise benutzt.

Art. 213. Wer zum Zwecke des Gebrauches Stempelzeichen[3]) staat-

---

[1]) Auch sonstige öffentliche Schuldscheine, z. B. städtische?

[2]) D. h. Wechselbriefe, eigene Wechsel, Wechsel auf den Inhaber.

[3]) Gedacht ist in erster Linie an Feingehaltszeichen auf Gold- und Silberwaren.

licher oder öffentlicher Behörden nachmacht, wird mit Zuchthaus bis zu drei Jahren bestraft.

Ebenso wird bestraft, wer Zeichen einer staatlichen oder öffentlichen Behörde unrechtmäfsigerweise benutzt.

Art. 214. Wer zum Zwecke des Gebrauches Stempel oder Unterschriften eines andern nachmacht, wird mit Zuchthaus bis zu drei Jahren bestraft.

Ebenso wird bestraft, wer Stempel oder Unterschriften eines andern unrechtmäfsigerweise benutzt.

Art. 215. Wer zum Zwecke des Gebrauches von (zuständigen) Behörden herausgegebene Stempelpapiere oder -marken aller Art, Wechselscheine, Postfreimarken, (gestempelte) Briefumschläge, Postkarten, (gestempelte) Streifbänder oder von der Regierung eines dem Weltpostvertrag angeschlossenen Staates herausgegebene Post- (oder Telegraphen-?) Freimarken, (gestempelte) Briefumschläge, Postkarten oder (gestempelte) Streifbänder nachmacht, wird mit Zuchthaus bis zu fünf Jahren bestraft.

Ebenso wird bestraft, wer von einem der im vorhergehenden Absatz angegebenen Stempelpapiere oder -marken aller Art, Wechselscheine, Postfreimarken, Briefumschläge, Postkarten, Streifbänder Gebrauch macht.

Art. 216. Der Versuch der in diesem Kapitel bezeichneten Handlungen ist zu bestrafen.

Art. 217. Jeder wegen einer der in diesem Kapitel angegebenen Handlungen mit Zuchthaus nicht unter einem Jahre zu Bestrafende kann auch mit Aberkennung der staatsbürgerlichen Rechte bestraft und unter Polizeiaufsicht gestellt werden.

Fünftes Kapitel.

Fälschung von Mafsen, Gewichten und Wagen.

Art. 218. Wer Mafse, Gewichte, Wagen, welche eine höhere oder niedrigere Aichung haben als das Gesetz oder die Verordnung bestimmt, fabriziert oder verkauft, wird mit Zuchthaus bis zu drei Jahren bestraft.

Wer mit dem Zwecke, sie zu seinem Gewerbe zu benutzen, Mafse, Gewichte, Wagen, welche eine höhere oder niedrigere Aichung haben als das Gesetz oder die Verordnung bestimmt, innehat, wird mit Zuchthaus bis zu einem Jahre oder mit Geldstrafe Bakkin bis zu zweihundert Yen bestraft.

Art. 219. Wer ohne obrigkeitliche Erlaubnis Mafse, Gewichte, Wagen (welche gesetzlich bestimmte Aichung haben?) fabriziert, ausbessert oder verkauft, wird mit Geldstrafe Bakkin bis zu dreihundert Yen bestraft.

Ebenso wird bestraft, wer der amtlichen Prüfung nicht unterworfene Mafse, Gewichte oder Wagen verkauft.

Wer mit dem Zwecke, sie zu seinem Gewerbe zu benutzen, der amtlichen Prüfung nicht unterworfene Mafse, Gewichte oder Wagen innehat, wird mit Geldstrafe Bakkin bis zu einhundert Yen bestraft.

Sechstes Kapitel.

Falsches Zeugnis.

Art. 220. Wer als Zeuge nach geleistetem Eide vor Justizgerichten, Verwaltungsgerichten oder sonstigen Gerichten falsche Aussagen macht, wird mit Zuchthaus bis zu zehn Jahren bestraft.

Wenn der Angeschuldigte in einer Strafsache infolge des falschen Zeugnisses zum Tode verurteilt worden ist, so tritt lebenslängliches Zuchthaus oder Zuchthaus nicht unter fünf Jahren ein.

Art. 221. Straferlafs oder -milderung kann eintreten, wenn der Thäter einer der im vorhergehenden Artikel bezeichneten Handlungen vor einer Behörde ein Geständnis ablegt, bevor das Urteil in der Sache, in welcher er Zeugnis abgelegt hat, rechtskräftig geworden ist.

Art. 222. Wer als Sachverständiger oder Dolmetscher nach geleistetem Eide falsche Gutachten oder Übersetzungen abgibt, ist nach der in den vorhergehenden zwei Artikeln bezeichneten Mafsgabe zu bestrafen.

Art. 223. Jeder wegen einer der in diesem Kapitel angegebenen Handlungen mit lebenslänglichem Zuchthaus oder Zuchthaus nicht unter einem Jahre zu Bestrafende kann auch mit Aberkennung der staatsbürgerlichen Rechte bestraft werden.

Siebentes Kapitel.

Falsche Anschuldigung.

Art. 224. Wer zu dem Zwecke, die strafrechtliche oder disziplinarische Bestrafung eines andern herbeizuführen, unwahre Anträge, Anzeigen oder Mitteilungen macht, ist nach der in den Art. 220 und 223 bezeichneten Mafsgabe zu bestrafen.

Art. 225. Straferlafs oder -milderung kann eintreten, wenn der Thäter, trotz seiner begangenen falschen Anschuldigung vor einer Behörde ein Geständnis ablegt, bevor die Sache, in welcher er falsche Anschuldigungen gemacht hat, rechtskräftig abgeurteilt worden ist.

Dem steht es gleich, wenn er in Bezug auf eine Sache, in welcher von einer Verwaltungsbehörde auf disziplinarische Strafen zu erkennen ist, sich selbst anzeigt, bevor diese Strafen verhängt sind.

Neunter Abschnitt.

Strafbare Handlungen, welche die öffentliche Sittlichkeit verletzen.

Erstes Kapitel.

Strafbare unzüchtige Handlungen, strafbarer geschlechtlicher Verkehr und Bigamie.

Art. 226. Wer öffentlich eine unzüchtige Handlung begeht, wird mit Geldstrafe Kariō bestraft.

Art. 227. Wer unzüchtige Abbildungen oder sonstige unzüchtige Gegenstände öffentlich ausstellt oder verkauft, wird wie im vorhergehenden Artikel bestraft.

Auf die in diesem Artikel bezeichneten Handlungen kommen die Bestimmungen betreffend die Einziehung zur Anwendung.

Art. 228. Wer an einer Mannes- oder Frauensperson, welche noch nicht volle zwölf Jahre alt ist, unzüchtige Handlungen vornimmt, wird mit Zuchthaus bis zu fünf Jahren bestraft.

Wer mit Gewalt oder Drohung an einer Mannes- oder Frauensperson über zwölf Jahren unzüchtige Handlungen vornimmt, wird mit Zuchthaus bis zu drei Jahren bestraft.

Art. 229. Wer durch Gewalt oder Drohung eine Frauensperson zum Beischlafe nötigt, wird wegen Notzucht mit Zuchthaus bis zu zehn Jahren bestraft.

Ebenso wird bestraft, wer mit einem Mädchen, welches noch nicht volle zwölf Jahre alt ist, den Beischlaf vollzieht.

Wegen Notzucht ist auch zu bestrafen, wer eine geisteskranke oder in willen- oder bewufstlosem oder zum Widerstand unfähigem Zustande befindliche Frauensperson zum Beischlafe mifsbraucht.

Art. 230. Der Versuch der in den vorhergehenden zwei Artikeln angegebenen Handlungen ist zu bestrafen.

Art. 231. Die Verfolgung der in den Art. 228—229 angegebenen Handlungen tritt nur auf Antrag der verletzten Partei ein.

Art. 232. Ist durch die Notzucht der Tod, die Körperverletzung (oder Gesundheitsschädigung) eines Menschen verursacht worden, so tritt lebenslängliches Zuchthaus oder Zuchthaus nicht unter fünf Jahren ein.

Art. 233. Wer gewerbsmäfsig unbescholtene Frauenspersonen zum geschlechtlichen Verkehre veranlafst, wird mit Zuchthaus bis zu einem Jahre oder mit Geldstrafe Bakkin bis zu einhundert Yen bestraft.

Art. 234. Jede Ehegattin, welche einen Ehebruch begeht, wird mit Zuchthaus bis zu einem Jahre bestraft. Ebenso auch deren Beischläfer.

Die Verfolgung der im vorhergehenden Absatz bezeichneten Handlung tritt nur auf Antrag des Ehegatten ein. Der Antrag ist aber unzulässig, wenn der Ehegatte den Ehebruch erlaubt hat.

Art. 235. Ein Ehegatte, welcher (vor Auflösung seiner Ehe) eine zweite Ehe eingeht, wird mit Zuchthaus bis zu zwei Jahren bestraft.

Art. 236. Jeder wegen einer der in den Art. 228, 229 und 232 bezeichneten Handlungen mit lebenslänglichem Zuchthaus oder Zuchthaus nicht unter einem Jahre zu Bestrafende wird auch mit Aberkennung der staatsbürgerlichen Rechte bestraft.

Zweites Kapitel.

Strafbare Glücksspiele und Lotterien.

Art. 237. Wer Spiele oder Wetten mit Vermögenseinsätzen vornimmt, bei welchen der Zufall den Ausschlag giebt, wird mit Geldstrafe Bakkin bis zu einhundert Yen bestraft. Davon sind jedoch diejenigen Fälle auszunehmen, in welchen zur zeitweiligen Unterhaltung dienende Gegenstände als Einsatz angenommen worden sind.

Art. 238. Wer gewohnheitsmäfsig Spiele oder Wetten vornimmt, wird mit Zuchthaus bis zu drei Jahren bestraft. Wer aus Gewinnsucht Spielbanken eröffnet oder Spieler versammelt, wird mit Zuchthaus bis zu fünf Jahren bestraft. Auf die in diesem Artikel angegebenen Handlungen sind die Strafverschärfungsbestimmungen wegen Rückfalls anzuwenden.

Art. 239. Wer ohne obrigkeitliche Erlaubnis Lotterielose zum Verkauf ausgiebt, wird mit Zuchthaus bis zu einem Jahre oder mit Geldstrafe Bakkin bis zu eintausend Yen bestraft.

Der Vermittler solcher zum Verkauf ausgegebener Lotterielose wird mit Zuchthaus bis zu sechs Monaten oder mit Geldstrafe Bakkin bis zu zweihundert Yen bestraft.

Auf die in diesem Artikel bezeichneten Handlungen sind die Strafverschärfungsbestimmungen wegen Rückfalls anzuwenden.

Art. 240. Wer die zum Verkauf ohne obrigkeitliche Erlaubnis ausgegebenen Lotterielose kauft, wird mit Geldstrafe Bakkin bis zu zwanzig Yen bestraft.

Art. 241. Jeder wegen einer der in diesem Kapitel angegebenen Handlungen mit Zuchthaus nicht unter einem Jahre zu Bestrafende wird auch unter Polizeiaufsicht gestellt.

Drittes Kapitel.

Strafbare Handlungen, welche sich auf Gott, auf Buddha[1]) oder auf Leichen beziehen.

Art. 242. Wer öffentlich an einer Kirche, die Gott oder Buddha geweiht ist, an einem Grabe oder an sonstigen Verehrungsplätzen beschimpfende Handlungen vornimmt, wird mit Zuchthaus bis zu sechs Monaten oder mit Geldstrafe Bakkin bis zu fünfzig Yen bestraft.

Wer die Predigt oder gottesdienstliche Verrichtungen hindert oder stört, wird mit Zuchthaus bis zu einem Jahre oder mit Geldstrafe Bakkin bis zu einhundert Yen bestraft.

Art. 243. Wer Leichen oder Skelette beschädigt oder ausgräbt, wird mit Zuchthaus bis zu einem Jahr bestraft.

Art. 244. Wer ein Grab öffnet oder beschädigt, wird mit Zuchthaus bis zu zwei Jahren bestraft. Hat der Thäter hierbei Leichen oder Skelette ausgegraben, oder beschädigt, so tritt Zuchthaus bis zu drei Jahren ein.

Art. 245. Der Versuch der in den vorhergehenden drei Artikeln angegebenen Handlungen ist zu bestrafen.

Art. 246. Wer ohne obrigkeitliche Erlaubnis ein neues Begräbnis vornimmt, wird mit Geldstrafe Kariö bestraft.

Zehnter Abschnitt.

Strafbare Handlungen von staatlichen oder öffentlichen Beamten und Abgeordneten im Amte.

Art. 247. Ein staatlicher oder öffentlicher Beamter, welcher unter Mifsbrauch seiner Amtsgewalt jemand zu Handlungen, zu welchen derselbe nicht verpflichtet ist, nötigt oder berechtigte Handlungen jemandes verhindert oder stört, wird mit Gefängnis bis zu sechs Monaten bestraft.

Art. 248. Richter, Staatsanwälte, Polizeibeamte, sowie deren Ver-

---

[1]) Im Orig. Shin-Butsu oder Kami und Hotoke.

treter[1]) und Gehilfen, welche unter Mifsbrauch ihrer Amtsgewalt eine Festnahme, Vorführung oder Einsperrung einer Person vornehmen, werden mit Zuchthaus oder Gefängnis bis zu fünf Jahren bestraft.

Art. 249. Richter, Staatsanwälte, Polizeibeamte, sowie deren Vertreter und Gehilfen, desgleichen Personen, die mit dem Amte, Gefangene, oder unter Verwahrungs- oder Zwangserziehungsmafsnahmen Gestellte zu beaufsichtigen, zu bewachen oder zu begleiten beauftragt sind, werden, wenn sie an einem Angeschuldigten in einer Strafsache, einem Gefangenen oder einem unter Verwahrungs- oder Zwangserziehungsmafsnahmen Gestellten Gewaltthätigkeiten oder sonstige grausame Handlungen verüben, mit Zuchthaus oder Gefängnis bis zu fünf Jahren bestraft.

Art. 250. Ist durch eine der in den vorhergehenden zwei Artikeln bezeichneten Handlungen der Tod, die Körperverletzung (oder Gesundheitsschädigung) eines Menschen verursacht worden, so kommt, im Vergleich mit den Strafbestimmungen über Körperverletzung (und Gesundheitsschädigung), die schwerere Strafbestimmung zur Anwendung.

Art. 251. Eine Person, die mit dem Amte, Gefangene oder unter Verwahrungs- oder Zwangserziehungsmafsnahmen Gestellte zu beaufsichtigen, (zu bewachen) oder zu begleiten, betraut ist, und welche bei Gelegenheit einer Überschwemmung, einer Feuersbrunst, eines Sturmes, eines Erdbebens oder sonstiger aufserordentlicher Ereignisse, die zur Rettung aus der Gefahr erforderlichen Mafsnahmen nicht trifft oder dieselben nicht veranlafst, wird, wenn dadurch der Tod, die Körperverletzung (oder Gesundheitsschädigung) eines Menschen verursacht worden ist, nach den Strafbestimmungen über Körperverletzung (und Gesundheitsschädigung) bestraft.

Art. 252. Ein staatlicher oder öffentlicher Beamter, ein Abgeordneter oder ein Schiedsrichter, welcher in Beziehung auf sein Amt Geldgeschenke[2]) oder andre Vermögensvorteile annimmt (fordert, oder) sich versprechen läfst, wird mit Zuchthaus bis zu drei Jahren und mit Geldstrafe Bakkin bis zu dreihundert Yen bestraft.

Ist infolgedessen eine unrechtmäfsige Handlung vorgenommen oder eine rechtmäfsige Handlung unterlassen worden, so tritt Zuchthausstrafe bis zu fünf Jahren und Geldstrafe Bakkin bis zu fünfhundert Yen ein. Wenn es sich um Richter oder Schiedsrichter handelt, so ist Zuchthaus bis zu zehn Jahren und Geldstrafe Bakkin bis zu eintausend Yen zu verhängen.

In den Fällen der vorhergehenden zwei Absätze kann Geldstrafe Bakkin bis zu dem Werte der angenommenen Geldgeschenke oder sonstigen Vermögensvorteile eintreten, wenn deren Wert den Höchstbetrag der vorbezeichneten Geldstrafe Bakkin übersteigt.

Art. 253. Derjenige, welcher einem staatlichen oder öffentlichen Beamten, einem Abgeordneten oder einem Schiedsrichter Geldgeschenke oder sonstige Vermögensvorteile gewährt, anbietet oder verspricht, wird mit Zuchthaus bis zu drei Jahren und mit Geldstrafe Bakkin bis zu dreihundert Yen bestraft.

---

[1]) Im Orig.: sowie diejenigen, welche diese Ämter ausüben.

[2]) Im Orig.: Bestechung.

Art. 254. Ein staatlicher oder öffentlicher Beamter, ein Abgeordneter oder ein Schiedsrichter, welcher aus Freundschaft oder aus Feindschaft unrechtmäſsige Handlungen vornimmt, oder rechtmäſsige Handlungen unterläſst, wird, auch wenn er Geldgeschenke oder sonstige Vermögensvorteile weder annimmt noch sich versprechen läſst, nach der im Art. 252 Absatz 2 bezeichneten Maſsgabe bestraft.

Art. 255. Ein staatlicher oder öffentlicher Beamter, ein Abgeordneter oder ein Schiedsrichter, welcher, um sich oder einem andern einen Vorteil zu verschaffen, amtliche Geheimnisse offenbart, wird mit Zuchthaus bis zu drei Jahren und mit Geldstrafe Bakkin bis zu dreihundert Yen bestraft.

Art. 256. Jeder wegen einer der in den Art. 252—255 angegebenen Handlungen mit Zuchthaus nicht unter einem Jahre zu Bestrafende wird auch mit Aberkennung der staatsbürgerlichen Rechte bestraft.

Elfter Abschnitt.
Strafbare Handlungen gegen Leib und Leben.

Erstes Kapitel.
Tötung.

Art. 257. Wer einen Menschen tötet, wird mit lebenslänglichem Zuchthaus oder Zuchthaus nicht unter sieben Jahren bestraft.

Art. 258. Der Thäter der im vorhergehenden Artikel bezeichneten Handlung wird bei Vorliegen eines der folgenden Umstände mit dem Tode oder mit lebenslänglichem Zuchthaus bestraft: wenn er

1. die Tötung an einem Verwandten aufsteigender Linie begeht;
2. die Tötung mit Überlegung begeht;
3. zwei oder mehrere Personen tötet;
4. die Tötung mittelst Verstümmelung, körperlicher Folterung oder sonstiger barbarischer Handlungen begeht;
5. die Tötung begeht, um die Begehung eines Verbrechens zu erleichtern oder um sich der Strafe wegen eines früher begangenen Verbrechens zu entziehen.

Art. 259. Der Versuch der in den vorhergehenden Artikeln bezeichneten Handlungen ist zu bestrafen.

Art. 260. Wer die Tötung von Menschen vorbereitende Handlungen begeht oder zu demselben Zweck sich einer geheimen Verbindung anschlieſst, kann unter Polizeiaufsicht gestellt werden.

Art. 261. Wer einen andern zum (erfolgten) Selbstmord angestiftet hat, oder wer auf Verlangen eines andern denselben tötet, wird mit Zuchthaus oder Gefängnis bis zu sieben Jahren bestraft.

Art. 262. Jeder wegen einer der in diesem Kapitel angegebenen Handlungen mit dem Tode oder mit lebenslänglichem Zuchthaus zu Bestrafende kann auch mit Aberkennung der staatsbürgerlichen Rechte bestraft werden; jeder mit zeitigem Zuchthaus nicht unter einem Jahre zu Bestrafende kann auch zur Aberkennung der staatsbürgerlichen Rechte verurteilt und unter Polizeiaufsicht gestellt werden.

Zweiter Abschnitt.

Körperverletzung und Gesundheitsbeschädigung.

Art. 263. Wer einen Menschen körperlich verletzt oder an seiner Gesundheit beschädigt, wird mit Zuchthaus oder Gefängnis bis zu fünf Jahren oder mit Geldstrafe Bakkin bis zu einhundert Yen bestraft.

Ebenso wird bestraft, wer die Kopfhaare einer Frauensperson abschneidet, zerstört oder (boshafterweise?) beschädigt.

Art. 264. Ist durch Körperverletzung oder durch Gesundheitsschädigung eine der nachbezeichneten Folgen eingetreten, so ist der Thäter mit Zuchthaus bis zu zehn Jahren zu bestrafen:

1. Verlust des Sehvermögens auf einem oder beiden Augen;
2. Verlust des Hörvermögens auf einem oder beiden Ohren;
3. Verlust der Sprache;
4. Unbrauchbarkeit eines oder mehrerer Glieder des Körpers;
5. Zeugungsunfähigkeit;
6. schwere und unheilbare Geistes- oder Leibeskrankheit;
7. Fehlgeburt.

Art. 265. Ist durch die Körperverletzung (oder die Gesundheitsbeschädigung) der Tod eines Menschen verursacht worden, so tritt zeitige Zuchthausstrafe ein.

Wenn die Handlung an einem Verwandten aufsteigender Linie begangen worden ist, so wird der Thäter mit lebenslänglichem Zuchthaus oder Zuchthaus nicht unter sieben Jahren bestraft.

Art. 266. Wer am Ort und im Augenblick einer der in den vorhergehenden drei Artikeln bezeichneten Handlungen den Thäter zu deren Begehung aufmuntert, wird, auch wenn er selbst einen Menschen weder körperlich verletzt noch an der Gesundheit beschädigt, mit Zuchthaus bis zu einem Jahre oder mit Geldstrafe Bakkin bis zu fünfzig Yen bestraft.

Wenn zwei oder mehrere Personen gemeinschaftlich einen Menschen körperlich verletzen oder an der Gesundheit beschädigen und man die Schwere der von jedem einzelnen herbeigeführten Verletzungen oder Schädigungen nicht zu entscheiden vermag, so sind alle, auch wenn sie ohne Einverständnis gehandelt haben, nach den Vorschriften über die Teilnahme zu bestrafen.

Art. 267. Derjenige, welcher gegen einen Menschen Gewalt begeht, aber denselben weder körperlich verletzt, noch an seiner Gesundheit beschädigt, wird mit Haft oder Geldstrafe Kariō bestraft.

Die Verfolgung der in diesem Artikel bezeichneten Handlung tritt nur auf Antrag der verletzten Partei ein.

Drittes Kapitel.

Fahrlässige Tötung, Körperverletzung und Gesundheitsbeschädigung.

Art. 268. Wer durch Fahrlässigkeit die Körperverletzung oder Gesundheitsbeschädigung eines Menschen verursacht, wird mit Geldstrafe Bakkin bis zu einhundert Yen bestraft.

Die Verfolgung der in diesem Artikel bezeichneten Handlungen tritt nur auf Antrag der verletzten Partei ein.

Art. 269. Wer durch Fahrlässigkeit den Tod eines Menschen verursacht, wird mit Geldstrafe Bakkin bis zu zweihundert Yen bestraft.

Art. 270. Derjenige, welcher die zu seinem Amte oder Berufe erforderliche Aufmerksamkeit aus den Augen setzt und dadurch den Tod, die Körperverletzung oder Gesundheitsbeschädigung eines Menschen verursacht, wird mit Gefängnis bis zu drei Jahren oder mit Geldstrafe Bakkin bis zu fünfhundert Yen bestraft.

Viertes Kapitel.

Abtreibung.

Art. 271. Wer die Leibesfrucht einer Frauensperson abtreibt, wird mit Zuchthaus bis zu fünf Jahren bestraft.

Der Versuch ist zu bestrafen.

Art. 272. Ist durch die Begehung der im vorhergehenden Artikel bezeichneten Handlung der Tod, die Körperverletzung (oder Gesundheitsbeschädigung) der Frauensperson verursacht worden, so kommt, im Vergleich mit den Strafbestimmungen über Körperverletzung und Gesundheitsbeschädigung, die schwerere Strafbestimmung zur Anwendung.

Art. 273. Wer auf Verlangen oder mit Einwilligung einer Frauensperson deren Leibesfrucht abtreibt, wird mit Zuchthaus bis zu sechs Monaten bestraft. Ist dadurch der Tod, die Körperverletzung (oder Gesundheitsbeschädigung) der Frauensperson verursacht worden, so tritt Zuchthausstrafe bis zu drei Jahren ein.

Art. 274. Ärzte, Hebammen oder Apotheker, welche auf Verlangen oder mit Einwilligung einer Frauensperson deren Leibesfrucht abtreiben, werden mit Zuchthaus bis zu drei Jahren bestraft. Ist dadurch der Tod, die Körperverletzung (oder Gesundheitsbeschädigung) der Frauensperson verursacht worden, so tritt Zuchthausstrafe bis zu fünf Jahren ein.

Ebenso wird bestraft, wer auf Verlangen und gegen Entgelt einer Frauensperson die Leibesfrucht abtreibt.

Art. 275. Eine Schwangere, welche mittelst Arznei oder durch andre Mittel ihre Leibesfrucht abtreibt, wird mit Zuchthaus bis zu sechs Monaten bestraft.

Fünftes Kapitel.

Aussetzung.

Art. 276. Wer eine wegen hohen oder jugendlichen Alters, wegen Krankheit oder Gebrechlichkeit hilflose Person verläfst oder aussetzt, wird mit Zuchthaus bis zu drei Jahren bestraft.

Art. 277. Wenn derjenige, welcher zur Fürsorge für einen Greis, ein Kind, einen Kranken oder Gebrechlichen verpflichtet ist, denselben verläfst, aussetzt oder die zum Leben desselben notwendige Hilfe verweigert, wird mit Zuchthaus bis zu fünf Jahren bestraft.

Sind die im vorhergehenden Absatz bezeichneten Handlungen an einem Verwandten aufsteigender Linie begangen worden, so tritt Zuchthausstrafe bis zu sieben Jahren ein.

Art. 278. Ist durch die Begehung einer der in den vorhergehenden zwei Artikeln angegebenen Handlungen der Tod, die Körperverletzung (oder Gesundheitsbeschädigung) eines Menschen verursacht worden, so kommt, im Vergleich mit den Strafbestimmungen über Körperverletzung und Gesundheitsbeschädigung, die schwerere Strafbestimmung zur Anwendung.

Art. 279. Wenn jemand, welcher einen Greis, ein Kind, einen Kranken oder einen Gebrechlichen in hilfloser Lage vorfindet, ohne Grund demselben keine Hilfe leistet oder dem zuständigen staatlichen oder öffentlichen Beamten den Vorfall nicht mitteilt, so wird er mit Haft oder mit Geldstrafe Kariö bestraft.

Zwölfter Abschnitt.

Strafbare Handlungen wider die persönliche Freiheit.

Erstes Kapitel.

Strafbare Festnahme und Einsperrung.

Art. 280. Wer widerrechtlich einen Menschen festnimmt oder einsperrt, wird mit Zuchthaus bis zu drei Jahren bestraft.

Wenn der Thäter demselben Speise und Trank oder Kleidung entzieht, ihn körperlich mifshandelt oder sonstiger grausamer Behandlung unterwirft, so tritt Zuchthausstrafe bis zu fünf Jahren ein.

Art. 281. Ist durch die Begehung einer der im vorhergehenden Artikel bezeichneten Handlungen der Tod, die Körperverletzung (oder Gesundheitsbeschädigung) eines Menschen verursacht worden, so kommt, im Vergleich mit den Strafbestimmungen über Körperverletzung und Gesundheitsbeschädigung, die schwerere Strafbestimmung zur Anwendung.

Zweites Kapitel.

Strafbare Drohungen.

Art. 282. Wer einen andern mit Verletzung von Leben, Leib, persönlicher Freiheit, Ehre oder Vermögen bedroht, wird mit Zuchthaus bis zu einem Jahre oder mit Geldstrafe Bakkin bis zu einhundert Yen bestraft.

Ebenso wird bestraft, wer einen andern mit Verletzung von Leben, Leib, persönlicher Freiheit, Ehre oder Vermögen seiner Verwandten bedroht.

Art. 283. Wer einen andern durch Gewalt oder Drohung mit Verletzung von Leben, Leib, persönlicher Freiheit, Ehre oder Vermögen zu Handlungen, zu welchen derselbe nicht verpflichtet ist, nötigt oder berechtigte Handlungen desselben verhindert oder stört, wird mit Zuchthaus bis zu drei Jahren bestraft.

Ebenso wird bestraft, wer einen andern durch Drohung mit Verletzung von Leben, Leib, persönlicher Freiheit, Ehre oder Vermögen seiner Verwandten zu Handlungen, zu welchen derselbe nicht verpflichtet ist, nötigt oder berechtigte Handlungen desselben verhindert oder stört.

Der Versuch ist zu bestrafen.

Art. 284. Die Verfolgung der in diesem Kapitel bezeichneten Handlungen tritt nur auf Antrag der verletzten Partei ein.

Drittes Kapitel.

Entführung.

Art. 285. Wer eine Person, welche noch nicht volle zwanzig Jahre alt ist, ohne Einwilligung ihrer Eltern oder ihrer sonstigen Aufsichtpersonen entführt, wird mit Zuchthaus bis zu fünf Jahren bestraft.

Ebenso wird bestraft, wer eine solche Person durch List oder Drohung, jedoch mit Einwilligung der Eltern oder der sonstigen Aufsichtspersonen entführt.

Art. 286. Wer in gewinnsüchtiger Absicht einen Menschen durch List oder durch Drohung entführt, wird mit Zuchthaus bis zu zehn Jahren bestraft.

Ebenso wird bestraft, wer durch List oder durch Drohung eine Person, mit welcher er unzüchtige Handlungen vorzunehmen oder sich zu verheiraten bezweckt, entführt.

Die Verfolgung der im zweiten Absatz bezeichneten Handlungen tritt nur auf Antrag der verletzten Partei oder deren Verwandten ein[1]). Wenn aber die entführte Person eine Ehe eingeht[2]), so ist der Antrag erst zulässig, nachdem die Ehe rechtskräftig für nichtig oder ungiltig erklärt worden ist.

Art. 287. Wer in gewinnsüchtiger Absicht eine entführte Person bei sich aufnimmt, wird mit Zuchthaus bis zu sieben Jahren bestraft.

Art. 288. Wer einen Menschen zu dem Zwecke, ihn aufserhalb des Reichsgebietes zu bringen, entführt oder verkauft, wird mit zeitigem Zuchthaus nicht unter fünf Jahren bestraft.

Ebenso wird bestraft, wer einen entführten oder verkauften Menschen aufserhalb des Reichsgebietes bringt.

Art. 289. Der Versuch der in diesem Kapitel bezeichneten Handlungen ist zu bestrafen.

Dreizehnter Abschnitt.

Strafbare Handlungen wider die Ehre.

Art. 290. Wer die Ehre eines andern dadurch verletzt, dafs er öffentlich und ausdrücklich denselben schlechter Aufführung oder verabscheuungswürdiger Handlung beschuldigt, wird, ohne Rücksicht auf Wahrheit oder Unwahrheit der angeblichen Thatsachen, mit Zuchthaus oder Gefängnis bis zu sechs Monaten oder mit Geldstrafe Bakkin bis zu zweihundert Yen bestraft.

Die Beleidigung eines Verstorbenen ist nicht zu bestrafen, falls der Thäter nicht eine unwahre Thatsache behauptet hat.

Art. 291. Wer einen andern öffentlich beleidigt, wird, auch wenn er denselben schlechter Aufführung oder verabscheuungswürdiger Handlung nicht ausdrücklich beschuldigt, mit Haft oder Geldstrafe Kariō bestraft.

---

[1]) Warum aber nicht auf Antrag des betreffenden Aufsehers?

[2]) Im Orig.: blofs „wenn . . . . eine Ehe eingeht“ und „mit wem“ ist gar nicht bestimmt.

Art. 292. Die Verfolgung der in diesem Abschnitt bezeichneten Handlungen tritt nur auf Antrag der verletzten Partei oder der Verwandten oder Hinterbliebenen der Gestorbenen ein.

Vierzehnter Abschnitt.
Strafbare Handlungen wider das Vermögen.
Erstes Kapitel.
Entwendung[1]).

Art. 293. Auf die in diesem Kapitel angegebenen Handlungen sind die Strafschärfungsbestimmungen wegen Rückfalls anzuwenden.

Art. 294. Der Versuch der in diesem Kapitel angegebenen Handlungen ist zu bestrafen.

Art. 295. Jeder wegen einer der in diesem Kapitel angegebenen Handlungen mit dem Tode oder lebenslänglichem Zuchthaus zu Bestrafende wird auch mit Aberkennung der staatsbürgerlichen Rechte bestraft. Jeder mit zeitigem Zuchthaus nicht unter sechs Monaten zu Bestrafende wird auch mit Aberkennung der staatsbürgerlichen Rechte bestraft und unter Polizeiaufsicht gestellt. Jeder mit Zuchthaus unter sechs Monaten zu Bestrafende kann auch mit Aberkennung der staatsbürgerlichen Rechte bestraft und unter Polizeiaufsicht gestellt werden.

Art. 296. Sind die in diesem Kapitel bezeichneten Handlungen unter Verwandten auf- und absteigender Linie oder unter zusammenwohnenden Verwandten begangen worden, so bleiben sie straflos. Bei Begehung von seiten anderer als vorbezeichneter Verwandten tritt die Verfolgung nur auf Antrag der verletzten Partei ein; davon ist aber der Teilnehmer[2]) auszunehmen.

Auf Raub findet die Anwendung der im vorhergehenden Absatz angegebenen Vorschriften nicht statt.

Art. 297. Dem fremden Vermögen wird solches eignes Vermögen gleich geachtet, welches zufolge eines Pfandrechtes oder Retentionsrechtes sich in einem fremden Besitz befindet oder welches auf Anordnung staatlicher oder öffentlicher Behörde von einem andern verwaltet wird.

Erster Titel.
Diebstahl.

Art. 298. Wer eine fremde bewegliche Sache heimlich[3]) wegnimmt, wird wegen Diebstahls mit Zuchthaus bis zu zehn Jahren bestraft[4]).

---

[1]) Im Orig.: Zoku-tō, was Diebstahl, Raub, Erpressung und Betrug umfassen kann.

[2]) Das heifst: derjenige Teilnehmer, welcher zur verletzten Partei in keinem verwandtschaftlichen Verhältnisse steht.

[3]) Im Orig.: sets-schu; sets, heimlich; schu, wegnehmen; wie auch im gegenwärtigen Str.G B Die Praxis versteht darunter nicht besondre Heimlichkeit der Wegnahme als Merkmal des Diebstahls, sondern nur den Mangel von Gewalt, Drohung und Täuschung.

[4]) In Japan sind besondere Strafbestimmungen für die Komplotte von Taschendieben notwendig.

Zweiter Titel.
Raub.

Art. 299. Wer mit Gewalt gegen eine Person oder unter Anwendung von Drohung mit gegenwärtiger Gefahr für Leben, Leib, persönliche Freiheit oder Vermögen des Verletzten oder einer vom Verletzten zu schützenden Person eine fremde bewegliche Sache zwangsweise wegnimmt, wird wegen Raubes mit zeitigem Zuchthaus nicht unter drei Jahren bestraft.

Art. 300. Wer durch eines der im vorhergehenden Artikel bezeichneten Mittel sich oder einem andern widerrechtlich einen Vermögensvorteil verschafft, wird einem Räuber gleich geachtet.

Art. 301. Der Räuber, welcher einen Menschen körperlich verletzt, wird mit lebenslänglichem Zuchthaus oder Zuchthaus nicht unter fünf Jahren bestraft; wenn er den Tod eines Menschen verursacht, so tritt Todesstrafe oder lebenslängliche Zuchthausstrafe ein.

Art. 302. Der Räuber, welcher zwangsweise eine Frauensperson zum geschlechtlichen Verkehr nötigt, wird mit lebenslänglichem Zuchthaus oder Zuchthaus nicht unter sieben Jahren bestraft.

Art. 303. Einem Räuber wird derjenige Dieb gleich geachtet, welcher, um der Zurückforderung des gestohlenen Gutes Widerstand zu leisten oder um sich bei dieser Gelegenheit der Strafe zu entziehen, Gewalt oder Drohung anwendet.

Art. 304. Einem Räuber wird derjenige Dieb gleich geachtet, welcher, nachdem er einen Menschen in willen- oder bewufstlosen Zustand versetzt hat, demselben eine bewegliche Sache stiehlt.

Art. 305. Wer den Raub vorbereitende Handlungen begeht oder zu demselben Zwecke sich einer geheimen Verbindung anschliefst, wird unter Polizeiaufsicht gestellt.

Dritter Titel.
Erpressung.

Art. 306. Wer unter Anwendung andrer Drohungen als der im Art. 299 bezeichneten eine fremde bewegliche Sache zwangsweise wegnimmt, wird wegen Erpressung mit Zuchthaus bis zu zehn Jahren bestraft.

Art. 307. Dem Erpresser[1]) wird derjenige gleich geachtet, welcher durch die im vorhergehenden Artikel bezeichneten Mittel sich oder einem andern widerrechtlich einen Vermögensvorteil verschafft.

Vierter Titel.
Betrügliche Entwendung.

Art. 308. Wer durch Täuschung eines Menschen eine bewegliche Sache betrügerischer Weise wegnimmt, wird wegen betrüglicher Entwendung mit Zuchthaus bis zu zehn Jahren bestraft.

Art. 309. Dem betrüglichen Entwender wird derjenige gleich geachtet, welcher durch ein im vorhergehenden Artikel bezeichnetes Mittel sich oder einem andern einen Vermögensvorteil verschafft.

---

[1]) Im Orig. kyō-katsu-tō, d. h. derjenige Dieb„ welcher durch Einschüchterung seinen Zweck zu erreichen sucht.

Art. 310. Dem betrüglichen Entwender wird derjenige gleich geachtet, welcher durch Mifsbrauch der Unerfahrenheit oder des Leichtsinns eines Minderjährigen denselben zur Gewährung eines Vermögensvorteils veranlafst oder sich oder einem andern widerrechtlich einen Vermögensvorteil verschafft.

Zweites Kapitel.

Unterschlagung[1]).

Art. 311. Wer eine bewegliche oder unbewegliche Sache, die er für einen andern in Besitz hat, sich rechtswidrig zueignet, wird mit Zuchthaus bis zu fünf Jahren bestraft.

Ebenso wird bestraft, wer eine eigne bewegliche Sache, deren Aufbewahrung ihm von einer staatlichen oder öffentlichen Behörde übertragen ist, sich rechtswidrig zueignet.

Art. 312. Derjenige, welcher eine bewegliche oder unbewegliche Sache, die er vermöge seines Berufes oder Gewerbes für einen andern in Besitz hat, sich rechtswidrig zueignet, wird mit Zuchthaus bis zu zehn Jahren bestraft.

Jeder wegen der im vorhergehenden Absatz bezeichneten Handlung mit Zuchthaus nicht unter sechs Monaten zu Bestrafende wird auch mit Aberkennung der staatsbürgerlichen Rechte bestraft und unter Polizeiaufsicht gestellt.

Art. 313. Wer Fundgut, Strandgut oder sonstige aus dem Besitz eines andern entfernte bewegliche Sachen an sich bringt und sich rechtswidrig zueignet, wird nach der im Art. 311 bezeichneten Mafsgabe bestraft.

Art. 314. Auf die in diesem Kapitel bezeichneten strafbaren Handlungen sind die im Art. 296 Absatz 1 gegebenen Bestimmungen anzuwenden.

Art. 315. Auf die in diesem Kapitel bezeichneten Handlungen sind die Strafverschärfungsbestimmungen wegen Rückfalls anzuwenden.

Drittes Kapitel.

Hehlerei[2]).

Art. 316. Wer eine Sache, welche mittelst einer strafbaren Handlung eines andern erlangt ist, annimmt, wird mit Zuchthaus bis zu fünf Jahren bestraft.

Wer eine vorbezeichnete Sache in Verwahrung nimmt, kauft[3]) oder bei deren Absatz mitwirkt, wird mit Zuchthaus bis zu zehn Jahren und mit Geldstrafe Bakkin bis zu dreihundert Yen bestraft.

Auf die in diesem Artikel bezeichneten Handlungen sind die Strafverschärfungsbestimmungen wegen Rückfalls anzuwenden.

Art. 317. Jeder wegen einer der im vorhergehenden Artikel bezeichneten Handlungen mit Zuchthaus nicht unter sechs Monaten zu Be-

---

[1]) Im Orig.: Rechtswidrige Aneignung von im eignen Besitz befindlichen fremden Sachen.

[2]) Im Orig.: Strafbare Handlungen welche mittelst einer strafbaren Handlung erlangte Sachen betreffen.

[3]) D. h. wahrscheinlich „unter einer lästigen Bedingung erwirbt".

strafende wird auch mit Aberkennung der staatsbürgerlichen Rechte bestraft und unter Polizeiaufsicht gestellt; jeder mit Zuchthaus unter sechs Monaten zu Bestrafende kann auch mit Aberkennung der staatsbürgerlichen Rechte bestraft und unter Polizeiaufsicht gestellt werden.

Art. 318. Straflos bleiben die im Art. 316 bezeichneten Handlungen, wenn sie unter Verwandten auf- und absteigender Linie, Ehegatten oder zusammenwohnende Verwandten begangen worden sind.

Viertes Kapitel.

Sachbeschädigung.

Art. 319. Wer eine Urkunde staatlicher oder öffentlicher Behörden beschädigt oder vernichtet, wird mit Zuchthaus bis zu sieben Jahren bestraft.

Wer eine fremde Urkunde über Rechte oder Pflichten beschädigt oder vernichtet, wird mit Zuchthaus bis zu drei Jahren bestraft. Die Verfolgung tritt nur auf Antrag der verletzten Partei ein.

Art. 320. Wer ein Haus oder sonstige Gebäude eines andern widerrechtlich ganz oder teilweise zerstört, wird mit Zuchthaus bis zu fünf Jahren bestraft.

Ist dadurch der Tod, die Körperverletzung (oder Gesundheitsbeschädigung) eines Menschen verursacht worden, so kommt, im Vergleich mit den Strafbestimmungen über Körperverletzung und Gesundheitsbeschädigung, die schwerere Bestimmung zur Anwendung.

Art. 321. Wer eine andre Sache als die in den vorhergehenden Artikeln bezeichneten zerstört, beschädigt, oder eine lebende Sache körperlich verletzt oder an der Gesundheit beschädigt[1]), wird mit Zuchthaus bis zu zwei Jahren oder mit Geldstrafe Bakkin bis einhundert Yen bestraft. Die Verfolgung tritt nur auf Antrag der verletzten Partei ein.

Art. 322. Nach der in den Art. 319—321 bezeichneten Mafsgabe ist derjenige zu bestrafen, welcher eine eigne Sache, die sich aber unter Beschlagnahme befindet, dem Sachenrecht eines andern unterliegt oder versichert ist, zerstört oder beschädigt.

---

[1]) Hier erinnert man sich plötzlich und vielleicht zufällig der lebenden Sachen.

Druck von Leonhard Simion in Berlin SW.

FSC
www.fsc.org
MIX
Papier | Fördert gute Waldnutzung
FSC® C083411

Kolibri 360 GmbH
Ferdinand-Jühlke-Straße 7
99095 Erfurt, Deutschland
produktsicherheit@kolibri360.de